Douze mois chez l'Esprit de Bigot
エスプリ・ド・ビゴの12ヵ月
PARCO出版

パンの店は、いつも同じようなものが並んでいて、季節感がないという人がいます。
たしかに、レストランのように旬の素材を扱うわけではありません。
お菓子屋さんのように、季節のカラフルなフルーツがあるわけでもありません。
ぼく自身も、それがとても残念でした。
「四季のあるパン屋を作りたい」──そんなことを考えて数年が過ぎました。
ぼくのアトリエの日々は、いかにパンに季節感を盛り込むかという工夫の積み重ねでもあったのです。
そして、今、ビゴのアトリエには、春夏秋冬が訪れるようになりました。
春には、フルーツやカスタードクリームを組み合わせたプランタニエール、
夏にはドライトマトやオリーブをたっぷりのせたミラノ風フォカッチャ。
さらにバレンタインデーやクリスマスなどの行事に合わせたパンも、たくさん並ぶようになりました。
アトリエの中にいても、過ぎていく季節や日の光、風を感じることができます。
これがぼくの理想でした。
この本では、そんな季節を感じるパンを集めました。
みなさんも、いっしょに楽しんでいただけたらと思います。

藤森二郎

エスプリ・ド・ビゴの 12ヵ月
SOMMAIRE

- ④ パン作りをはじめる前に…
- ⑥ パンに合う小麦粉

JANVIER
- ⑧ ガレット・デ・ロア ★★★
- ⑫ クグロフ・サレ ★★

FEVRIER
- ⑭ パン・サン・バランタイン ★★★
- ⑱ フーガス・プロヴァンサル ★★

MARS
- ⑳ プランタニエール ★★★
- ㉔ プティ・パン・オ・レ ★
- ㉖ ベーシックなパン　ふたつの作り方
  パン・トラディショネル ★★★
  翌日、パンが残ったら……タルティン

- ㉜ イーストの種類と選び方

AVRIL
- ㉞ パン・シュープリーズ ★★★
- ㊳ キャトル・フリュイ ★★

MAI
- ㊵ パン・ペイザン ★★★
- ㊹ ベニエ ★

JUIN
- ㊻ パン・ジャポネ ★
- ㊿ バターロール ★
- ㊾ ベーシックなパン　ふたつの作り方
  ブリオッシュ ★★
  翌日、パンが残ったら……ニダベイユ

58 「捏ねる」基本

JUILLET
60 ミラノ風フォカッチャ ★
64 ベーグル ★

AOUT
66 キッシュ・ロレーヌ ★★
70 アルザス風ブレッツェル ★★

SEPTEMBRE
72 パン・オ・ルヴァン ★★★
76 プティ・パン・シャティン ★★

78 ベーシックなパン　ふたつの作り方
　　パン・ド・ミー・アングレーズ ★★
　　翌日、パンが残ったら……クロックムッシュ

84 温度・湿度管理について

OCTOBRE
86 パン・デコール・トゥール・ド・フランス ★★★
90 ガレット・ドートンヌ ★

NOVEMBRE
92 パン・ドール ★★★
96 パン・ド・セーグル ★★

DECEMBRE
98 シュトーレン ★★
102 ソシーソン・デピス ★

104 ベーシックなパン　ふたつの作り方
　　クロワッサン ★★
　　翌日、パンが残ったら……クロワッサン・オ・ザマンド

110 ビゴの店紹介・材料と道具問い合わせ先リスト

【この本のきまり】
パンの名前のあとの★の数は、難易度を表し、
★は初心者向け、★★は中級者向け、★★★は上級者向けです。
バターは無塩バター、砂糖は上白糖を使っています。
焼き時間、温度は使用する機種により、多少異なる場合があります。

パン作りをはじめる前に…

全体の流れや専門用語などを、おさらいしましょう

パン作りの流れ

パン作りには、捏ねる、発酵、パンチなど、独特の工程があります。それぞれの工程の役割を理解することが、おいしいパン作りの秘訣です。全体の流れとともに、それぞれの工程の意味を解説しましょう。

1 準備

正しく計量し、道具をそろえる
粉類はできるだけ、ふるう

わずかな塩分の違いが、でき上がりに大きく影響する場合があります。パン作りの第一歩は、きちんとした計量です。粉はふるうことによって、空気を含み、ソフトなパンに仕上がります。ごみなどがまぎれることも防げます。

お菓子のように2回もふるう必要はありません。

2 捏ねる

パンに合った生地に捏ね上げる

初期──少しずつ水を加えながら、小麦粉、イーストなどを混ぜ合わせます

全体に粉気がなくなって、べたついた状態になります。この段階で、調整用を少し残し、大部分の水を混ぜ込みます。

中期──一気にまとまって、パン生地の骨格ができ上がります

べたつきがなくなって、手や麺台に生地がつかなくなります。この時点までに水を入れ終わります。バターなどの油脂を加えはじめます。

後期──パン生地を仕上げます

表面がなめらかになり、手で伸ばすと薄くきれいな膜ができつつあります。これは、小麦粉のグルテンが網目状になっているしるしです。
（→p58「捏ねる」基本）

3 発酵（1次発酵）

柔らかく、伸びやすく、しかも強い生地を作る

きちんと仕込んだ生地は、時間とともに膨張し、同時に生地の中で熟成がすすみます。これが、発酵です。

イーストが蔗糖やでんぷんを分解し、炭酸ガス、有機酸（香味成分）、アルコールを排出します。その結果、炭酸ガスの力で生地がふくらんでくるのです。発酵には、生地を柔らかく、伸びやすくすると同時に、生地を強くするという、2つの役割があります。

4 パンチ

発酵をすすめ、パンのうまみを作る

発酵生地の中の炭酸ガスを抜く作業です。外から力を加えることにより、グルテンの網目を強くし、膨張力が高められます。同時に、あらたに酸素を取り込むことにより、イーストの活動を高め、発酵をすすめます。

パンチは、パンのうまみを作るために、大切な作業です。ハード系の時間をかけて熟成を行う生地や、卵などが多く入ったリッチな生地で行います。

5 分割

パンに合った大きさに分ける

ほとんどの生地は手できれいに丸めます。これは、発酵によって不揃いになった気泡を整え、表面をなめらかにするためです。

6 ベンチタイム

生地を休ませ、成形しやすくする

休ませることにより生地が落ち着き、成形しやすくなります。捏ね不足、捏ねすぎを調整することもできます。生地を乾燥させないように、布巾などをかけておきましょう。時間は、一般的に20〜30分ぐらいです。

7 成形

パンの姿を整える

生地の外形を整えるだけでなく、生

地の力を調節することもできます。ハリがありすぎるときは、やや強めに押さえます。柔らかな生地は、ソフトに扱います。

どちらも表面を傷つけないように、ていねいに扱うことがポイントです。

8 ホイロ
成形した生地を、焼く前の大きさまで発酵させる

生地がふくらんで発酵し、うまみ成分がパンの中で大きくなっていきます。発酵の温度はハード系で28～30℃、ソフト系で30～32℃です。湿度は75～80％で、乾燥させないように注意します。発酵（2次発酵）という場合もあります。

この段階では、ゆっくりじっくり発酵させることが大切で、クロワッサンなど油脂の多い生地は、温度が高すぎるとバターが流れ出てしまうので、バターの融点の30℃くらいまでに抑えます。

発酵の余力を残して、8割ぐらいで取り出すことがポイントです。発酵させすぎると、焼き上がりが落ち込みますし、早いときれいな色がつきません。このあたりは、経験によるものです。
（→p84　温度・湿度管理について）

9 焼成
皮は香ばしく、中はふっくらとした、風味のいいパンに焼き上げる

下火でパンの中に火を入れ、上火で色づきをよくします。家庭では、高めの温度にオーブンを温めておきましょう。温度が低いとつやのないパンになります。また、何度も開けてオーブンの温度を下げないように。これを防ぐため、プロは奥行きの深いオーブンを使っています。

主な材料

パン作りで使われる材料について、紹介します。

●小麦粉●
小麦粉に含まれるたんぱく質は、水と合わさってグルテンという網目の組織（ねばねばの要素）となります。これが、イーストの働きによって生まれた炭酸ガスを包み込み、パンを大きく膨張させるのです。

強力粉――たんぱく質が多く含まれる粉です。パン・ド・ミーなど、豊かなボリュームを出したいときに使います。

準強力粉、中力粉（フランスパン専用粉）――たんぱく質の量は中間です。フランスパンなど、サクサクした食感を出したいときに使います。

薄力粉――菓子パンには、たんぱく質の量の少ない、薄力粉を使います。

粉類は、酸化しやすいので、封をして冷蔵庫で保存します。
（→p6　パンに合う小麦粉）

●ライ麦粉●
ライ麦粉はグルテンを作ることができないので、ライ麦粉を使ったパンはずっしりと重くなります。

●イースト●
小麦粉の中にある糖分を栄養源として活動し、炭酸ガスやアルコールなどを発生させます。
（→p32　イーストの種類と選び方）

●食塩●
塩の量は約2％が目安です。それ以上では塩辛く、発酵能力も落ちます。不足すると生地がだれてしまいます。

●砂糖●
パンに甘みをつけるだけでなく、イーストの働きを活性化させる役目があります。また、保湿性があるので、パンの老化（硬くなる）を防ぎます。

●油脂●
バター、などの油脂を生地に加えると、グルテンの伸びをよくし、ボリュームのある、柔らかなパンができます。

●卵●
パンの内層（クラム）につやをもたせ、きめのそろったなめらかな生地を作ります。

外皮（クラスト）に卵が含まれると、皮が薄くなり、色づきもよくなります。パンの風味を出す役割もあります。

●牛乳●
牛乳を加えることによって、表面につやが出て、まろやかなフレーバーが生まれます。

●ドライフルーツ、ナッツ●
配合は、粉の15～25％の分量がよいでしょう。生地を十分に捏ね上げてから加えた方が失敗がありません。

●水●
硬水、軟水とありますが、パンに向いているのは、硬水です。軟水は、発酵が遅くなる場合があります。

道具

ほとんどがキッチン用具でことたります。ここでは、ぜひ、用意してほしいものを紹介しましょう。

●はかり●
材料を計量したり、分割するときに使います。0.1gなどの細かい単位を計るときには、分銅はかりが便利です。

●温度計●
水や捏ね上がった生地の温度を計ります。100℃計が便利です。

●カード●
プラスチック製の平らな板。生地を分割するときに使います。

●麺棒●
生地を平らに伸ばすときに。木製で長さが30～40cm、直径4cmぐらいのものが使いやすいようです。

●麺台●
生地を捏ねたり伸ばすとき、分割するときなどに使います。大きめのものが使いやすいので、35×40cm以上のものを用意します。

1 レシピに書けなかった材料や作り方のこと…

パンに合う小麦粉

ビゴの店では、国内産の小麦粉は使っていません。一般には、国内産の小麦粉の人気が高いようですが、たんぱく質の量などにばらつきがあって、つねに安定した商品を作らなければならないプロにとって、かならずしも向いているとはいえません。

ビゴでは、フランス産の小麦粉をブレンドしたものを使っています。また、カナダ産にも、たいへんすばらしい粉があり、これも使っています。このほか、それぞれのパンに合った粉を自分たちで工夫し、組み合わせております。

ビゴで使っている粉は、おもに強力粉は「スーパーキング」「スーパーカメリア」、準強力粉、中力粉（フランスパン専用粉）は、「リスドオル」です。ほかに、フランスの粉をブレンドした「テロワール」（以上すべて日清製粉）も使っております。

これらの粉は、昔からムッシュ・ビゴが使いこなしてきたもので、現在のビゴの店にとっても、もっとも適していると判断しています。小麦粉は、パンの味を決める大切な要素です。ですから、国内産であればよいと、単純に決められるものではありません。

どういうパンにしたいから、こういう粉を使うというように、作り手の一貫した考え方のもとに、パン作りに合った粉をセレクトしてほしいと思います。

スイス・ウェンガー社のパンスライサー

この黄色い柄のおしゃれなパンスライサーは、数年前、スイスを訪れたとき、あるキッチングッズの店のムッシュが、最高のスライサーといって、私にすすめてくれたものです。

パンだけでなく、フロマージュ（チーズ）、ジャンボン（ハム）など、いろいろな食材に使うことができます。

自分の思い通りに切れるので、今では、私の頼もしい右腕として、道具箱の中には、長短取り混ぜていつも4種類は入っています。フランス、ドイツにも、いいパンスライサーはいっぱいありますが、使いやすさ、形の美しさでは一番だと思っております。

ビゴの各店の店頭でも売っていますが、買っていったお客さんからも、たいへん好評をいただいております。

シェフのこだわりアイテム

JANVIER
FEVRIER
MARS

JANVIER

Galette des Rois
[ガレット・デ・ロア]

フランスの12月、ノエルのシーズンは、お菓子屋さんばかりが注目を浴びていますが、新年になると、ようやくパン屋さんにもチャンスがめぐってきます。それがエピファニーという習慣で、お祝いにガレット・デ・ロアをいただきます。

人気のある店では、1日に2000〜3000個も売れるのです。お菓子屋さんに負けてなるものかと、パン屋さんも同じようにパイ生地を使ったり、ブリオッシュ生地にドライフルーツを混ぜ込んだカラフルなガレット・デ・ロアをお店いっぱいに並べます。

私が芦屋の店に入社したころから、ムッシュ・ビゴは新年早々、ガレット・デ・ロア作りにおおわらわでした。

クリスマスとバレンタイン・デーにはさまれたこの時期、ちょっと商売っ気を出して、古い歴史のあるお菓子を日本にも定着させようと、一生懸命だったのです。

ガレット・デ・ロアは、中にフェーブという陶器製の小さな人形を入れます。本来の意味とは少し異なりますが、日本のお客さんには、フェーブが当たれば、その一年はラッキーになると紹介した方がいいのではないかと思っております（これは、シェフとしてではなく、一経営者としての意見ですが……）。

このガレット・デ・ロアは、カスタードクリームやドライフルーツがたっぷり入ったプロヴァンス風です。

［ガレット・デ・ロア］
かわいらしいフェーブが入っていたら、ラッキーな一年になりそうです

●材料（タルト型2台分）●
ブリオッシュ生地（→p54）……400g
カスタードクリーム（100gを使用）
牛乳……………………………500g
バニラビーンズ…………………½本
砂糖……………………………125g
薄力粉……………………………45g
全卵………………………………2個
卵黄……………………………3個分
クレーム・ダマンド（100gを使用）
バター…………………………100g
砂糖……………………………100g
全卵………………………………2個
アーモンドパウダー…………100g
薄力粉……………………………15g
ラム酒…………………………4㎖
飾り用
ピスタチオペースト……………10g
セミドライフルーツ（いちじく、アプリコット、チェリー、オレンジピール、レモン、プルーン、アンゼリカなど）……………………………適量
溶き卵、あられ糖、シロップ、粉糖
………………………………各適量
ほかに、フェーブ（陶器製の飾り）・2個

●必要な道具●
麺台、麺棒、カード、はかり、はけ、直径8㎝のセルクル型、直径18㎝のタルト型各2台、布巾、鍋、絞り出し袋、ボウル、泡立て器

●準備しておくこと●
1 家庭用ブリオッシュの作り方を参考に、生地を2回発酵させ、冷蔵庫で半日寝かす（→p54 作り方1～6）。
2 型に薄くバター（分量外）を塗る。

●作り方●
【生地を型に敷く】
1 ブリオッシュ生地を4等分（1個約100g）し、丸める（A）。乾燥しないように布をかけて30分休ませる。
【アパレイユを作る】
2 カスタードクリームを作る
①鍋に牛乳を沸騰させ、バニラビーンズ、砂糖の½量を加え混ぜる。
②別のボウルに薄力粉、残りの砂糖、全卵、卵黄を白くなるまで泡立てる。
③①の⅓量を②に入れ、全体をよく混ぜる。
④①の鍋に③を戻して火にかけ、焦がさないよう底の方から混ぜる。ぷくぷくと沸騰してきたら火を止める。
3 クレーム・ダマンドを作る
①ボウルにバターを入れ、クリーム状になるまですり混ぜる。
②砂糖、全卵を順に加え混ぜ、泡立て器で白くなるまで混ぜる。
③アーモンドパウダーと薄力粉を交互に加えて混ぜる。全部混ざったらラム酒を加える。
4 カスタードクリーム100gとクレーム・ダマンド100g、好みでピスタチオペーストを加え混ぜてアパレイユを作る（B）。
【成形】
5 1を麺棒で4㎜厚さの円盤状に伸ばす（C）。
6 型に5を敷き、4のアパレイユをリング状に絞る（D）。
7 フェーブを置き、中央にはけで溶き卵を塗り、中央部分を空けて生地を折りたたむ（E）。
8 中央に直径8㎝のセルクル型を置き、押して型を抜く（F）。生地の表面にも溶き卵を塗る。
【ホイロ】
9 温度28℃、湿度75%で約30分発酵させる。
【仕上げ】
10 表面に溶き卵を塗り、刻んだセミドライフルーツを飾り、あられ糖を全体にふる（G）。
【焼成】
11 180℃のオーブンで25分間焼き、つや出しのシロップを表面に塗る。粗熱がとれたら、粉糖をふる。
＊残ったカスタードクリームやクレーム・ダマンドは、パンやパイ生地にはさんで焼き上げてもおいしい。冷蔵庫で2～3日保存も可能。

生地を型に敷く

アパレイユを作る

成形

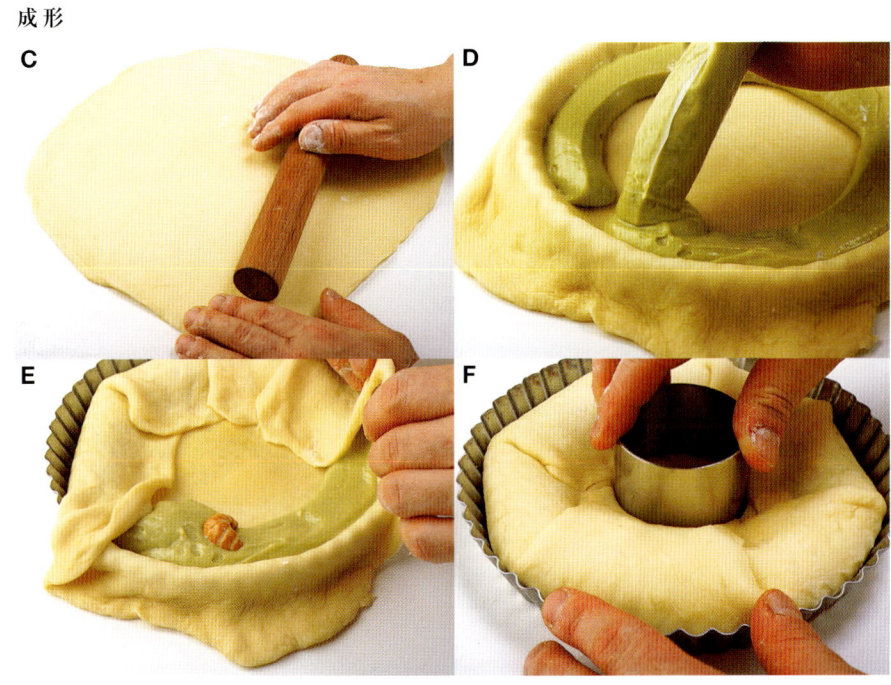

仕上げ

JANVIER

Kugelhopf salé
［クグロフ・サレ］

厳しい冬で知られる、フランス東部アルザス地方の名物は、白ワインとソーセージ、酢漬けのシュークルート、クグロフ。

クグロフは、ストラスブルグの町を歩けば、ここかしこに見られます。また、カテドラル(大聖堂)前のみやげ物屋に行けば、色とりどりの絵が描かれたクグロフ型が所狭しと並んでいます。

クグロフはドライフルーツ(本来はレーズンのみという説もあります)入りのブリオッシュタイプの甘いパンです。

でも、レストランに行くと、最初によく冷えたリースリング(白ワイン)といっしょに、オニオンやベーコン入りの塩味のクグロフがスライスされて出てきます。このような調理パン的な食べ方はフランスではとてもめずらしく、おしゃれです。

●材料（大2個、小6個分）●

a ｛
- フランスパン専用粉（リスドオル）　………………………350g
- 強力粉（スーパーカメリア）‥150g
- 砂糖　………………………55g
- 塩　…………………………10g
- 生イースト　………………20g
- 牛乳　………………………140㎖
- 全卵　………………………5個

- マデラ酒（ポルト酒）…………35㎖
- マーガリン（有塩）……………80g
- ベーコン　………………………150g
- 玉ねぎ　…………………………100g
- くるみ（かるく炒り、粗く刻む）…60g
- プロヴァンスミックスハーブ…0.5g
- アーモンドホール　……………適量

●必要な道具●
フライパン、ナイフ、布巾、ボウル、麺台、カード、温度計、はかり、クグロフ型（できれば陶器製）（大）直径15×高さ9㎝2台、（小）直径10×高さ6㎝6台

●準備しておくこと●
1 ベーコンは5mm幅に切り、玉ねぎも同じくらいの大きさに切り、油をひかないフライパンでかるく炒める。
2 アーモンドホールは水に2〜3分浸す。

●作り方●
【捏ねる】
1 aをボウルに入れて捏ねる（A）。手捏ねで約15分（ミキサーなら低速で10分）。マデラ酒を加え、手捏ねで約8分（ミキサーの場合は低速で5分）。
2 マーガリンを加え、よく捏ねる（B）。
3 ベーコン、玉ねぎ、くるみを順に加え混ぜる（C）。捏ね上がり温度は26℃。
【発酵・パンチ】
4 温度32℃、湿度75％で約50分発酵させ、パンチをし（D）、さらに約50分発酵。
【分割・ベンチタイム】
5 4を210g2個と80g6個に分割して丸める（E）。布をかぶせ、20分休ませる。
【型に入れる】
6 型にバター（分量外）を薄く塗り、型の底に水気をきったアーモンドを敷き詰める（F）。
7 5の生地の中央をひじで押さえ、穴をあける。上下を返して型に入れる（G）。
【ホイロ】
8 温度32℃、湿度75％で約50分発酵（H）。
【焼成】
9 上火なし、下火170℃のオーブンで20〜25分焼く。

捏ねる

発酵・パンチ

分割・ベンチタイム

型に入れる

ホイロ

FEVRIER

Pain St. Valentain
[パン・サン・バランタイン]

フランスではショコラを扱うお菓子屋さん（ショコラティエ）は、お菓子屋さんの中でも、少しレベルが高いとされています。そのため、パン屋さんではあまりショコラの出番がありません。

というわけで、2月のバレンタイン・デー近くになると、にぎやかなお菓子屋さんの店先とは反対に、パン屋さんは少し手持ち無沙汰になります。

いや、こんなことではいけません。菓子の修業もしたことがある私にとって、この季節は、なんともストレスがたまります。

ガトーに近い、しっかりとしたチョコレート風味のパンを作りたい──これが、数年来、私が考え続けていたことです。

そんなとき、MOF（フランス最高料理人賞）を受けたジョゼフ・ドルフェール氏の講習会に参加しました。

ハート形のパンを見たとき、「これだ！」と、私の頭にひらめくものがありました。

チョコレートガナッシュに、フランボワーズを合わせたブリオッシュタイプのパンが頭に浮かんだのです。

もっとも相性のよい組み合わせを、フランス語では"最良の結婚"トレ・ボン・マリアージュ）といいますが、チョコレートガナッシュとフランボワーズは、まさにそうした組み合わせなのです。

来年のバレンタイン・デーにはお目見えいたします、ご期待ください。

［パン・サン・バランタイン］
フランボワーズのさわやかな酸味が、チョコレートによくマッチします

● 材料（ハート型5台分）●

a
- 強力粉（スーパーカメリア） ……250g
- 薄力粉（バイオレット） ………225g
- プードルカカオ（ココアパウダー）
  ………………………………25g
- インスタント・ドライイースト…10g
- 塩 ……………………………12g
- 砂糖 …………………………50g
- ＊トリモリン（転化糖） …………20g
- 全卵 …………………………3個

牛乳 ……………………………120mℓ
バター …………………………75g
＊カカオグリュオ ………………75g

ガナッシュ
- 生クリーム ……………………250mℓ
- コーンスターチ ………………5g
- 薄力粉 ………………………5g
- トリモリン（転化糖） …………15g
- ビターチョコレート（粗く刻む）…250g
- フランボワーズ、フランボワーズジャム
  ………………………………各適量
- 溶き卵、あられ糖、粉糖 ……各適量

● 必要な道具 ●

ボウル、麺台、麺棒、はけ、絞り出し袋、ナイフ、ふるい、ラップ、鍋、縦13×横13×高さ4cmのハート型5台

● 作り方 ●

【捏ねる】

1 aをボウルに入れ（A）、牛乳を加えながらミキサーの低速で5分まわす（B）。手捏ねの場合は約10分捏ねる。

2 バターを4～5回に分けて加えながら、ミキサーの低速で4分（手捏ねの場合は約8分）まわす（C）。

3 だいたい生地がつながったら（D）、カカオグリュオを加え、ミキサーを低速で2分（手捏ねは約4分）まわす。あまりこしをつけずに仕上げる。捏ねあがり温度は30℃。

【発酵・パンチ】

4 温度32℃、湿度75%で、約60分発酵させる（E）。

5 両手で押さえ、ガス抜きをする（F）。ラップをして冷蔵庫で約120分冷やす。

6 5を麺棒で3.5mm厚さに伸ばし、さらに冷蔵庫で約60分冷やす。

【ガナッシュを作る】

7 生クリームは少し取り分け、残りを鍋で沸騰させる。

8 コンスターチと薄力粉を合わせてふるい、7で取り分けた生クリームとよく混ぜる。

9 7の鍋にトリモリンを入れて溶かす。火からおろし、8も加えてよく混ぜる。

10 別のボウルにビターチョコレートを入れ、9を加えてゆっくりかき混ぜ、チョコレートを溶かす（G）。そのまま冷まして粗熱を取る。

【成形】

11 6をハート型に合わせて10枚抜き取る（H）。

12 11の5枚の縁に溶き卵を塗り、中央部分にガナッシュを絞り、フランボワーズジャム、フランボワーズの実を順にのせ、別の1枚をかぶせる（I）。指で縁を押さえ、型に入れる（J）。

【ホイロ】

13 温度28℃、湿度75%で30～40分発酵させる。

【焼成】

14 表面に溶き卵を塗ってあられ糖をふり、上火170℃、下火200℃のオーブンで約25分焼く（K）。冷めてから粉糖をふる。

＊トリモリン（転化糖）は、生地をしっとりとさせる効果がある。

＊カカオグリュオはカカオを刻んだもので、カリカリとした食感がある。

＊1日において味をなじませた方が、よりおいしい。

捏ねる
A B  C

D

発酵・パンチ
E F

ガナッシュを作る
G

成形
H I J

焼成
K

FEVRIER

Fougasse provençal
[フーガス・プロヴァンサル]

2月の南フランスをご存知ですか？

カーナバル（カーニバル）の時期になると、どこのホテルもいっぱいです。とくに、ニースのカーナバルは、フランスの代表的なお祭りといえるほど、にぎやかなものです。

色とりどりの衣装を着て、仮面をかぶった人々のパレードが、春の訪れを告げるがごとく街中を練り歩きます。

このカーニバルの仮面を象ったともいわれるのが、南フランス独特の平たいパン、フーガスです。エクス・アン・プロヴァンスには、フーガスだけを売るパン屋もあるくらいです。

今回は、南フランスのハーブ、スパイス、オリーブなどを入れて、カラフルなパンを作ってみました。

●材料(12個分)●

a ┌ フランスパン専用粉(リスドオル)
　│ ………………………375g
　│ 細挽きライ麦粉(ファイン)‥125g
　│ インスタント・ドライイースト ･5g
　└ 塩………………………8g
水………………………280〜290㎖
ベーコン…………………………50g
プロヴァンスミックスハーブ……60g
アンチョビフィレ、ブラックオリーブ、
グリーンオリーブ、セミドライトマト
………………………………各適量
オリーブオイル……………適量

●必要な道具●
麺台、麺棒、カード、温度計、はかり、
はけ、ボウル、ラップ、スケッパー、
フライパン、ナイフ

●準備しておくこと●
ベーコンは5㎜幅に切り、かるく炒める。

●作り方●
【捏ねる】
1 aを麺台の上にカルデラ状に広げ、中央のくぼみに水を少しずつ加えながら、手で混ぜ合わせる（A）。
2 手捏ねで約5分捏ねる。
3 2を平らに広げ、ミックスハーブペーストを加え混ぜる(B)。最初は両手で、コシがついてきたら手首のスナップをきかせて捏ね、さらにベーコンも混ぜ込んでいく（C）。
【発酵】
4 温度28℃、湿度75%で約60分発酵させる。発酵前（D）、約2倍にふくらんだ状態（E）。
【分割・ベンチタイム】
5 70g12個に分割し、丸める（F）。
6 温度28℃、湿度75%でベンチタイム約30分をとる。
【成形】
7 麺棒で7㎜厚さの楕円形に伸ばし、スケッパーで切れ目を入れる（G）。
【ホイロ】
8 天板にのせてラップをかけ、温度28℃、湿度75%で約40分発酵させる。

捏ねる

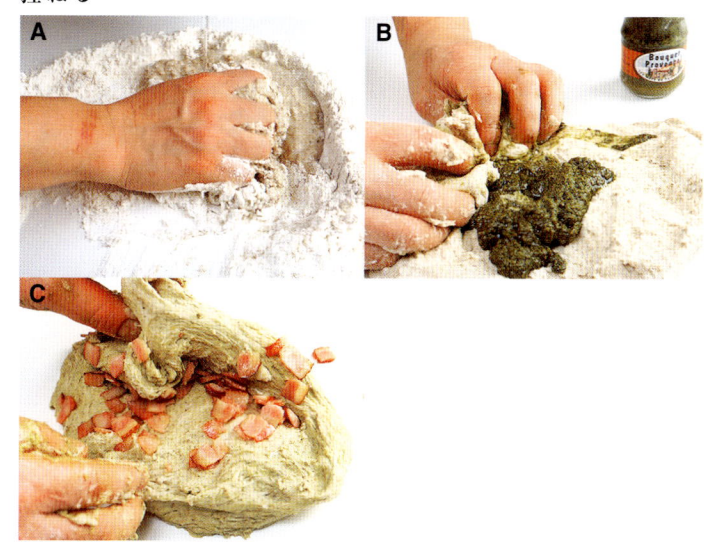

発酵

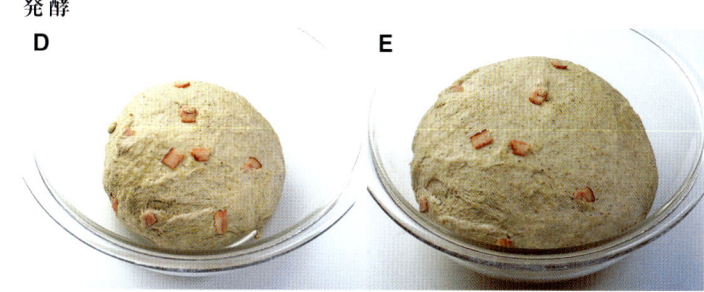

分割・ベンチタイム　　成形

【焼成】
9 アンチョビ、オリーブ、セミ・ドライトマトのマリネをのせる。はけで表面にオリーブオイルを塗り（H）、220℃のオーブンで約25分焼く。

焼成

MARS

Printanière
[プランタニエール]

　フランス語で、春はプランタン（Printemps）といいます。

　春になると、お菓子屋さんの店頭にはカラフルなフルーツを使ったお菓子が並び、店全体が明るくなります。

　フルーツだけでなく、食材すべてにおいて季節感がなくなってきたといわれる日本ですが、自然の力は不思議なもので、クリスマスのころのものより、春のいちごの方が色も鮮やかで、甘味も豊かな気がします。

　クラシックな商品が並ぶパン屋さんでも、春になったら、ひとつくらいお菓子屋さんのような、楽しい、遊び心のあるパンをおいてもいいのではないでしょうか。

　このパンは、デニッシュ生地をタルトのように敷き、上にキルシュ（さくらんぼ）風味のカスタードクリームと色とりどりの季節のフルーツを、自由に絵を描くように並べました。見るからに春が来たと感じさせる一品です。

　デニッシュ生地ですが、フィユタージュ（パイ生地）と同様のイメージを持って作りました。パイ生地のサクサクした食感と、しっとりしたデニッシュ生地の両方を味わえます。

　プランタニエール（春のように……）と名付けました。このパンを作っているときの私はなぜかうきうきして、楽しそうにしているそうです。

　私の自信作でもあります。

［プランタニエール］
色とりどりのフルーツが、待ちかねた季節の到来を告げています

●材料(18個分)

a ┤
- フランスパン専用粉(リスドオル)……420g
- 強力粉(スーパーカメリア)‥180g
- 砂糖……72g
- 塩……12g
- 脱脂粉乳……30g
- 生イースト……30g

- 全卵……3個
- 水……約150ml
- 練り込み用バター……18g
- 折り込み用バター(発酵シートバター)……300g
- カスタードクリーム(→p10)……適量
- いちご、フランボワーズ、ブルーベリー、スリーズ(さくらんぼ)など……各適量
- キルシュ(さくらんぼの酒)……少々
- 溶き卵、アプリコットジャム‥各適量
- セルフィーユの葉……少々

●必要な道具

ふるい、ボウル、麺棒、麺台、ビニール、温度計、はけ、定規、ナイフ、絞り出し袋、泡立て器、鍋

●準備しておくこと

カスタードクリームを作り（→p10 作り方2）キルシュを加え混ぜる。

●作り方

【捏ねる】

1 ボウルにaを合わせて混ぜ、卵と水を加えてさらに混ぜる。均一に混ざったら麺台に取り出し、生地を台に叩きつけるように、手首のスナップをきかせながら約5分捏ねる。

2 生地を広げて練り込み用バターをのせ(A)、たたみ込むように練り込む。生地を伸ばすとなめらかな膜状になるまで、約5分捏ねる。捏ね上がり温度は25℃。

【発酵・パンチ】

3 温度30℃、湿度80%で約90分発酵させる(B)。約2倍の大きさになる(C)。

4 生地を折りたたみ、両手でガスを抜く。糖分の多い生地なので、しっかりとガスを抜く(D)。

5 生地をビニールかラップで包み、冷蔵庫で約150分休ませる。

【バターを折り込む】

6 生地を麺台に取り出し、麺棒で中央がやや厚く、周囲が薄く、平均すると1cm厚さになるようなひし形に伸ばす。

7 中央に一回り小さく伸ばした折り込み用バターを置く。四方の角を中央に合わせ(E)、バターが全体に行き渡るように麺棒で伸ばしながら包む。

8 麺棒で縦長の長方形に薄く伸ばし、三つ折りにする(F)。

9 冷蔵庫で約30分休ませる。

10 生地の方向を90度回転させて縦長に伸ばし、2回目の三つ折りにする。

11 冷蔵庫で約30分休ませる。

12 同様に3回目の折りを入れる。生地の伸びが悪ければ、冷蔵庫でさらに休ませるとよい。

【成形】

13 生地を麺棒で3〜4mm厚さに伸ばし、縦10×幅7cmの長方形にカットする(G)。飾り帯用に長さ9×幅1cmを1個につき2本切る。

14 生地の両端に溶き卵を塗り、飾り帯をかるくねじってから貼りつける(H)。

【ホイロ】

15 温度28℃、湿度75%で約30分発酵させる。

【焼成】

16 表面に溶き卵を塗り、中央にキルシュ風味のカスタードクリームを絞る(I)。上火200℃、下火180℃のオーブンで15分焼成する。

【仕上げ】

17 粗熱が取れたらフルーツを盛り、煮つめたアプリコットジャムを塗る(J)。セルフィーユを飾る。

捏ねる
A

発酵・パンチ
B   C   D

バターを折り込む
E   F
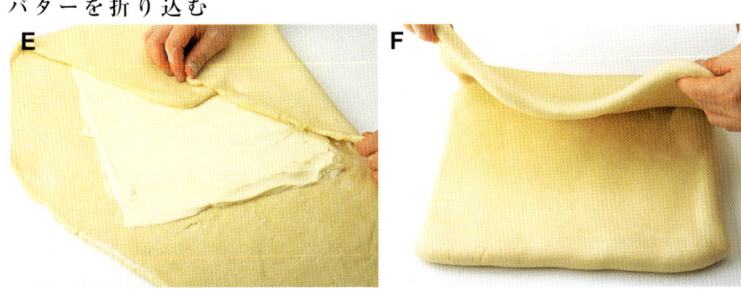

成形
G   H
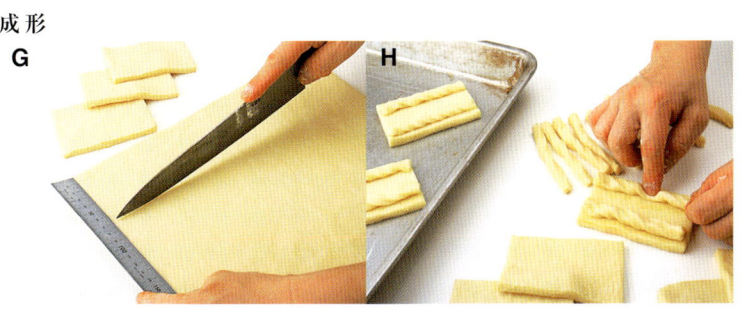

焼成
I

仕上げ
J

MARS

Petit pain au lait
[プティ・パン・オ・レ]

　このパンは、パリでは、パン屋ではなくお菓子屋さんでよく見かけます。ミルクの風味とほんのりした甘みがあります。

　フランスでは、トレトゥール（ケータリング）といって、お菓子屋さんが、ホームパーティから200人くらいのパーティまでの仕出しを引き受けます。そんなとき、このプティ・パンにフォアグラをはさんだりして、ちょっとしたオードブルにすることもあります。

　ねずみの形にしたのは、10数年前、ムッシュ・ビゴのお友達で、日本のフランス菓子のパイオニア、故ムッシュ・ルコントのアドバイスによるものです。

　最近、小さなねずみをのせて、親子のねずみにしたものも作りました。かわいらしいと、評判もよいようです。

● 材料（25個分）●

a {
- フランスパン専用粉（リスドオル）……500g
- 塩……………………10g
- 砂糖…………………60g
- 生イースト……………20g
- 牛乳…………………250ml
- 全卵…………………1個
- 生クリーム……………40ml
}
- 発酵バター……………60g
- 溶き卵…………………適量
- アーモンドスライス、レーズン‥各適量

● 必要な道具 ●

ボウル、麺台、温度計、カード、はさみ、はかり

● 作り方 ●

【捏ねる】

1 ボウルにaを混ぜる。
2 麺台で転がしながら約10分、体重をのせてしっかりと捏ねる（A）。
3 生地を平らに伸ばし、ちぎったバターをのせて捏ねる（B）。麺台に叩きつけるようにして約5分捏ねる。指で生地を引っ張ったとき、薄い膜ができるのが捏ね上がりの目安。

【発酵・パンチ】

4 温度30℃、湿度80％で約60分発酵（C）。
5 生地を4つにたたみ、上から押しつけるようにしてガス抜きを行う。
6 温度30℃、湿度80％でさらに約30分発酵させる。

【分割・ベンチタイム】

7 30g 26個に分割し(D)、30分休ませる。

【成形】

8 1個分を残し、残りは手で平らに押しつぶし、生地を巻くようにして細長く成形する（E）。
9 麺台で転がしてバット状にし、先端を細くしてねずみの頭部を作る。
10 残した生地のうち5gを手で細長く伸ばし、しっぽを作る。一方を指で胴体に固定し、一周させて留める（F）。残りも同様にする。

【ホイロ】

11 温度30℃、湿度80％で約40分発酵させる。

【焼成】

12 溶き卵を塗り、アーモンドスライスで耳を、レーズンで目をつけて仕上げる。
13 180℃のオーブンで約15分焼く。
＊ねずみの隣りは、細長くまとめてはさみで切り込みを入れ、砂糖の飾りをつけて成形したもの。

捏ねる

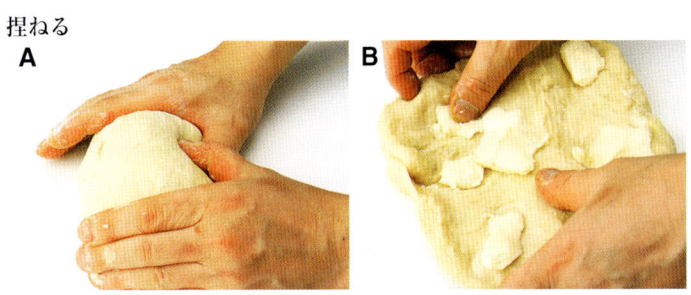

発酵・パンチ

分割・ベンチタイム

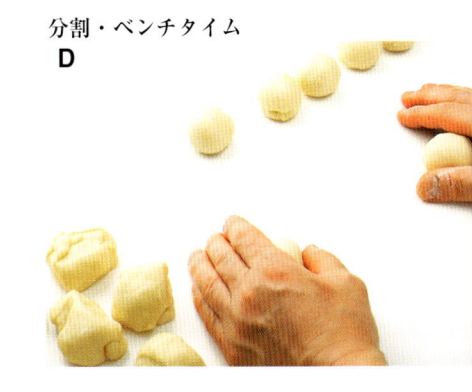

成形

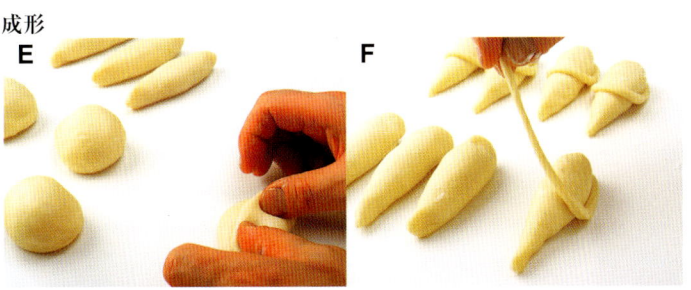

ベーシックなパン ふたつの作り方

　フランスパンという名前は通称で、正確には
パン・トラディショネルといいます。
　粉、水、塩、イーストetc.ごくシンプルな材
料ですが、このパンを上手に焼くには、生地を
仕込む手の感覚と作り手の感性、発酵、焼き方
の知識や技術が必要になります。このパンが上
手に焼ければ、パン屋さんとしては胸をはって
もいいでしょう。
　しかし、最近は、ライ麦や天然酵母を入れた
りして、素朴さをアピールするものが登場し、
人気を得ています。本来のシンプルさが、少し

Pain traditionnel
[パン・トラディショネル]

違う方向に流れていっているようで残念です。
　ムッシュ・ビゴの先生、フランスパンのオー
ソリティ、レイモン・カルベル先生は、フラン
スパンとはこう扱うものだと、私たちに実践に
よって示してくれた方でした。
　カルベル先生の生地に対する思いやり、発酵
に対する真摯な考えを大切にしないで、日本の
パン文化の未来はありません。
　それを受け継いでいくのが、ビゴで学んだ私
たちの使命だと思って、毎日真剣にパン作りと
向き合っています。

ブーランジェ（パン職人）の作り方

●材料（8本分）●

ポーリッシュ種
フランスパン専用粉（テロワール）
　　　　　　　　　　　　　300 g
インスタント・ドライイースト…1 g
水………………………………300㎖

本捏ね
フランスパン専用粉（テロワール）
　　　　　　　　　　　　　700 g
ユーロモルト………………2 g
塩……………………………20 g
水………………………約360㎖
インスタント・ドライイースト…4 g

●必要な道具●
ボウル、木べら、ミキサー、温度計、はかり、麺台、カード、カミソリ

●作り方●
【ポーリッシュ種を作る】
1 ボウルにポーリッシュ種の材料を合わせ、木べらでよく混ぜ合わせる（A）。
2 温度28℃、湿度80%で約3時間発酵させる（B、C）。

【本捏ね】
3 2に粉、ユーロモルト、塩を加え、低速のミキサーに約5分かける（D）。イーストを水で溶かし、加える。
4 ミキサーを中速に変えてさらに約3分かける（E）。
5 生地を取り出して丸める。捏ね上がりの温度は約25℃（F）。

【発酵・パンチ】
6 温度28℃、湿度70〜80%で約60分発酵させる（G）。
7 ガス抜きのパンチをし（H）、同様に約60分発酵させる。

家庭での作り方

●材料（バゲッド3本、プティ・パン3個分）●
フランスパン専用粉（リスドオル）
　　　　　　　　　　　　　500 g
塩……………………………10 g
ユーロモルト………………1 g
インスタント・ドライイースト…4 g
ビタミンC…………………0.5㎖
水………………………335㎖

●必要な道具●
麺台、カード、温度計、はかり、カミソリ、霧吹き、ぬれ布巾、ビニール、はさみ、ボウル

●作り方●
【捏ねる】
1 麺台に小麦粉、塩、ユーロモルト、イースト、ビタミンCを山形に盛り、中央をくぼませてカルデラ状に形作る（A）。
2 少しずつ水を加えながら、カルデラの縁が崩れないよう、ゆっくりと片方の手で混ぜていく（B）。水を少量残し

捏ねる
A

ておき、捏ねながら様子をみて加えるようにするとよい。
3 生地がまとまってきたら、弾力のあるきれいな膜ができるまで手で捏ね（C）、丸める（D）。捏ね上がり温度は25℃。

【発酵・パンチ】
4 温度25℃、湿度75%で約90分発酵させる。写真は発酵後（E）。
5 かるく折りたたむようにして、パンチし、ガスを抜く（F）。
6 同様に約60分発酵させる。

ポーリッシュ種を作る

発酵・パンチ

本捏ね

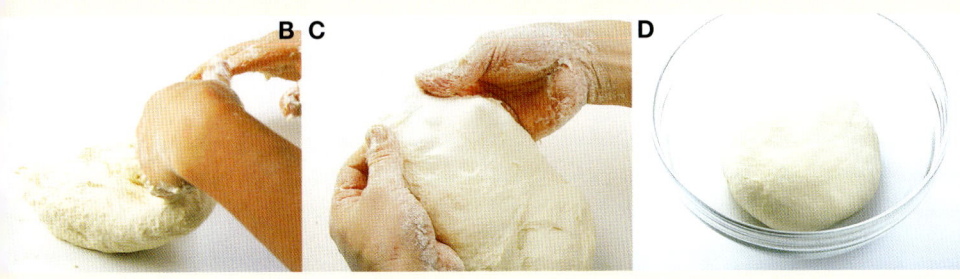

発酵・パンチ

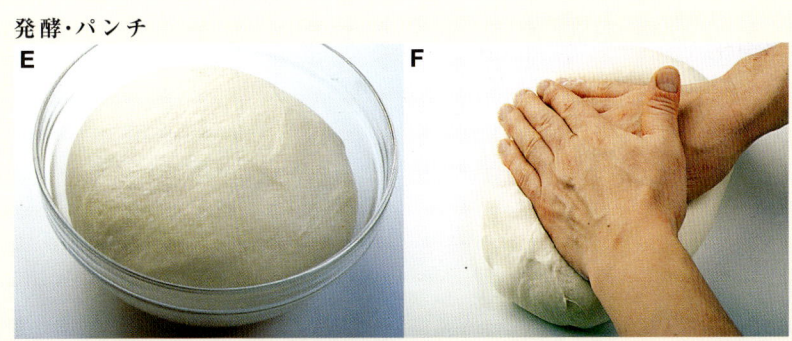

【分割・ベンチタイム】

8 240ｇ 8個に分割し、丸める（Ｉ）。
9 30分ベンチタイムをとる（Ｊ）。

【成形】

10 手で小判形に生地を伸ばし、上部⅓、下部⅓を折り込み、合わせ目を押さえて閉じる（Ｋ）。
11 両手で転がし、先端にいくにしたがって細くなるように形を整える（Ｌ）。

【ホイロ】

12 温度30℃、湿度75％で約60分発酵させる。

【仕上げ】

13 フランスパン専用粉適量（分量外）をふり、カミソリで一直線にクープをいれる（Ｍ）。

【焼成】

14 上火220℃、下火200℃のオーブンで、スティームをかけて約30分焼く。

分割・ベンチタイム

成形

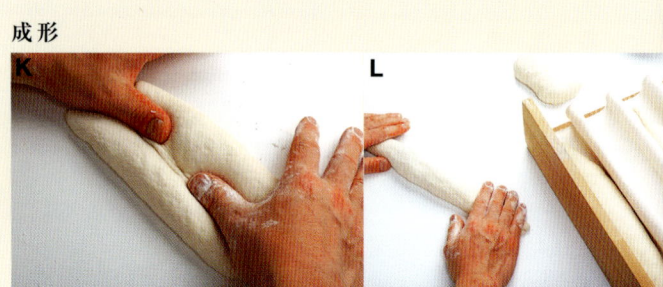

【分割・ベンチタイム】

7 120ｇ 3個と70ｇ 3個に分割（Ｇ）。
8 天板にのせ、ぬれ布巾をかけて室温で30分ベンチタイムをとる（Ｈ）。

【成形】

9 120ｇの生地はプロ用と同じくバゲット型に成形（Ｉ）。70ｇの生地は手の上で転がし、プティパン型に成形（Ｊ）。

【ホイロ】

11 ビニールやラップをかけて、温度28℃、湿度75％で約60分発酵させる。

【仕上げ】

12 フランスパン専用粉適量（分量外）をふり、バゲット形はカミソリで斜めにクープを入れ（Ｋ）、プティパン型ははさみで中央に切り目を入れる（Ｌ）。

【焼成】

13 霧を吹き、220℃のオーブンで約30分焼く。

分割・ベンチタイム

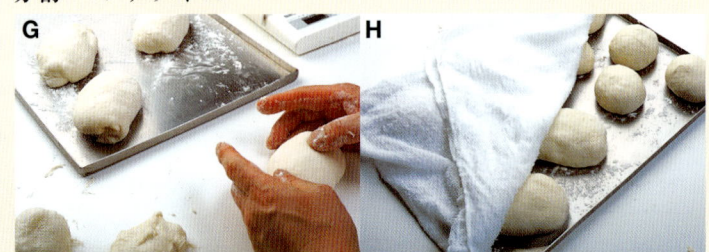

仕上げ

翌日、パンが残ったら……

Tartine
［タルティン］
いつものフレンチトーストに、一手間かけました

● 材料（4人分）●
パン・トラディショネル
　………………………バゲット2本
ソース
牛乳………………………500㎖
砂糖………………………150g
全卵………………………2 1/2 個
卵黄………………………2 1/2 個分
バニラエキストラ…………5㎖
クレーム・ダマンド（→p10 作り方3）
粉糖………………………各適量

● 作り方 ●
1 パンを1〜1.5cm厚さに切る。
2 ソースを作る。鍋に牛乳を入れて人肌程度まで温める。ボウルに移し、砂糖、全卵、卵黄を加え混ぜ、バニラエキストラも加え混ぜる（A）。
3 **1**を**2**に浸す（B）。
4 網にのせ、余分なソースをきり、クレーム・ダマンドを塗る（C）。180℃のオーブンで20分焼く。冷めたら粉糖をふる。

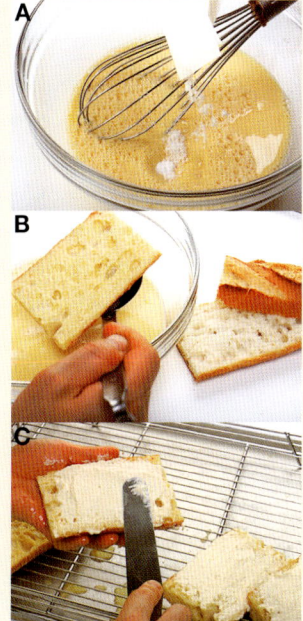

仕上げ

2 レシピに書けなかった材料や作り方のこと…

イーストは、小麦粉の中に含まれる糖分を栄養源として活動し、炭酸ガスとアルコールなどを発生させます。この炭酸ガスがパンをふっくらとふくらませ、アルコールなどがパンの香りや風味を作るのです。

イーストの種類と選び方

イーストは25～35℃でもっとも活発に活動し、40℃になると活動を停止します。日本で手に入りやすいイーストは、以下の3種類です。

●生イースト●
ほとんどのパン屋さんで使われています。糖分の多い生地に効果的で、発酵作用も早いものです。生イーストは生き物ですから、密閉容器に入れて冷蔵庫で保存し、2週間程度で使いきりましょう。

●ドライイースト（フランス製）●
生イーストを乾燥させ、顆粒状にしたものです。5倍程度の湯（30～40℃）でもどして、15分ぐらいおいてから使います。イーストの栄養源として、少しの糖分（砂糖）を加えると、さらによく活性化します。ドライイーストは生イーストの1/2量で同じ働きをします。密閉して半年間保存できます。風味がよいので、上級者向きです。

●インスタント・ドライイースト●
直接粉に混ぜ込んで使えますが、発酵時間が短い生地には、水で溶いてからの方がいいでしょう。生イーストの4割、ドライイーストの8割で同じ発酵力が得られます。密閉して半年間保存できます。家庭で作る場合に、おすすめします。

シェフのこだわりアイテム

パン屋さんの腕時計

フランスで見かけたパン屋さん、お菓子屋さん用の腕時計です。

パン屋さんバージョンは、長針がパンを取り出すピール（板）の上に、いろいろなパンがのっており、短針はバヌトン（発酵かご）、おまけに秒針はクロワッサンです。

お菓子屋さんは、長針がスパチュール（へら）、短針が泡立て器。12時のところには金のコック帽で、5時、6時、7時は、それぞれマドレーヌ形、菊形、バルケット形の焼き型がデザインされています。

実用にはあまり向きませんが、ながめているだけで、心がなごんできます。このほかにも、ソムリエ用、料理人用があり、いろいろ集めています。

私がこの時計をつけて出かけますと、日本でもフランスでも、パン屋さんの仲間たちに、どこで手に入れたのかと聞かれ、もう、それは、大変です。

AVRIL
MAI
JUIN

AVRIL

Pain surprise
[パン・シュープリーズ]

　日本語に訳すと、びっくりパンです。
　なぜ、びっくりパンなのでしょうか……。
　このパンは、フランス人のホームパーティに、必ずといっていいほどよく登場する定番の一品です。
　トリコロールのリボンをほどき、ぱっとふたを開けると、意外や意外、パンの中にジャンボクリュ（生ハム）やサーモンのサンドイッチがぎっしりと詰め込んであります。私も最初見たときは、鮮烈な印象を受けました。
　それにしても、どうやったら中のパンがくりぬけるのでしょうか？
　これが一番のポイントです。
　本当はこの本でも教えたくなかったくらいです。
　知ってしまえば、なぁんだ、ああそうかと思うようなことですが、お客さんからみると、不思議でたまらないのです。
　ムッシュ・ビゴが、このパンを最初に日本に紹介したのは、30数年前のこと。まだドンクのシェフをしていたころですが、店頭に飾られるや、たちまち評判をよびました。
　もちろん、現在でも十分通用するパーティメニューだと思います。
　ビゴの店でも、このサンドイッチを作れるのは、シェフクラスに限られています。それぐらい繊細で、しかも楽しい、遊び心のあるものです。

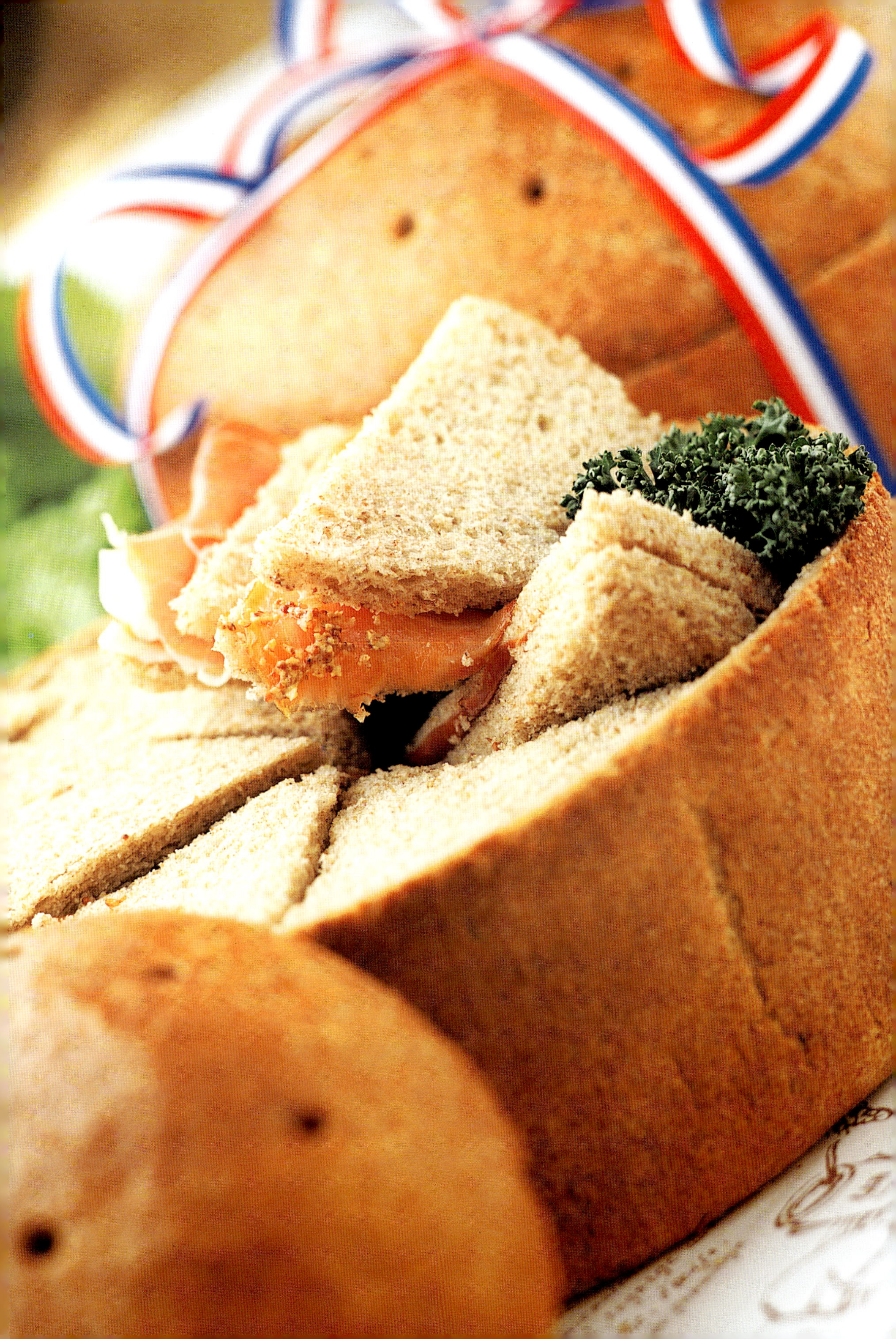

「パン・シュープリーズ」
パンのケースの中にサンドイッチを詰め込んだ、おしゃれなパーティメニュー

● 材料 デコレーション型1個分 ●

パン・ド・セーグル生地
- 細挽きライ麦粉（ファイン）……525g
- 強力粉（スーパーカメリア）……225g
- ルヴァン種（→p74）………262g
- 生イースト………………1g弱
- ビタミンC………………1mℓ弱
- バルサミコ酢……………8mℓ
- 塩………………………15g
- 水………………………525mℓ

マスタードバター
- ディジョンマスタード………10g
- バター…………………60g

フィリング
- 生ハム…………………適量
- サーモン………………適量

ロックフォールのバター和え
- ロックフォールチーズ………50g
- バター…………………50g

● 必要な道具 ●

直径21cmのデコレーション型1台、麺台、麺棒、温度計、はかり、よく切れるナイフ、ボウル

● 準備しておくこと ●

パン・ド・セーグルの生地を作る（→p97 作り方1～2）。発酵後の生地、およそ1500gを直径21cmのデコレーション型に入れ、200℃で約40分焼く。取り出しやすくするため、デコレーション型の内側に薄くショートニング（分量外）を塗り、パラフィン紙をはっておく。焼き上げたパンは冷蔵庫で1日おく。

● 作り方 ●

【パンをカットする】

1 パンの上部を2～3cm厚さに水平にカットし、端から3～4mm内側にナイフを入れ、一周して切り目を入れる（A）。くりぬけるよう、ナイフは底の方まで深く入れる。

2 底から1cm高さに幅15cmほどの切り目を入れ（B）、ナイフを差し込んで切り、中身を取り出す。切り口がきれいに仕上がるよう、よく切れるナイフを使う。

3 くりぬいたパンを水平にスライスし、6枚に切り分ける（C）。さらに半分にカットする。

【サンドイッチを作る】

4 マスタードとバターを練り混ぜてマスタードバターを作り、**3**でカットしたパン2枚に塗り、生ハムを重ね（D）、上から別の2枚をのせる。手の平でギュッと押さえてなじませる（E）。

5 同様に**3**のパン2枚にマスタードバターを塗り、サーモンをのせ（F）、さらに別の2枚をのせる。

6 ロックフォールとバターを、ロックフォールの粒が残る程度に混ぜ、**3**のパン2枚に塗り（G）、別の2枚で押さえる。

7 **4**～**6**をそれぞれ3等分し、パンのケースに詰める（H）。

＊市販のパン・ド・カンパーニュを使い、同様に作ることもできる。やや小型の仕上がりとなる。

パンをカットする

A B C

サンドイッチを作る

D E F G H

37

AVRIL

Quatre fruits
［キャトル・フリュイ］

　Quatreは4、Fruitsはフルーツ。読んで字のごとく、4種類のドライフルーツが入ったハード系のパンです。

　スリーズ（ドライのチェリー）、レーズン、フィグ（いちじく）、プルーンの4つのドライフルーツが、それぞれ甘い、すっぱい、まろやかetc.と味のハーモニーを奏でています。

　そのまま食べてもよし、フロマージュといっしょでも、また薄くスライスしてグリエしても、さらによし。サクサクしてほんのり甘さがあっておいしいパンです。

　フランス人には、何種類ものフルーツを入れるという発想はないでしょうから、パン仲間たちに食べさせたら、「明日から、パン屋をやめて、果物屋になれ」といわれそうです。

●材料（10個分）●
パン・トラディショネル生地
フランスパン専用粉（リスドオル）
　　　　　　　　　　　　…500g
塩 …………………………10g
インスタント・ドライイースト…4g
ユーロモルト ………………1g
ビタミンC ………………0.5㎖
水 …………………………335㎖
ドライフルーツとナッツ
ドライチェリー ……………50g
ドライフィグ ………………50g
プルーン ……………………50g
レーズン ……………………50g
松の実 ………………………25g

●必要な道具●
麺台、カード、温度計、はかり、カミソリ、霧吹き、ナイフ、フライパン

●準備しておくこと●
1 パン・トラディショネル（フランスパン）生地を作る（→p28　家庭での作り方1～3）。捏ね上がり温度は25℃。
2 レーズンとドライチェリーは20分間水に漬けてから水気をふきとり、5mm角に切る。残りのドライフルーツも5mm角に切る。
3 松の実はフライパンでかるくローストし、香ばしさをだす

●作り方●
【捏ねる】
1 パン・トラディショネル生地にドライフルーツと松の実を混ぜ込む（A）。
2 ひとつにまとめる（B）。捏ねあがり温度は25℃が目安。
【発酵・パンチ】
3 温度28℃、湿度75%で約90分発酵。
4 パンチしてガスを抜く。
5 同じ状態で、さらに約60分発酵させる。
【分割・ベンチタイム】
6 生地を100g10個に分割する（C）。手で簡単に丸めて30分間ベンチタイムをとる。
【成形】
7 麺台に十分に打ち粉（分量外）をふり、**6** を取り出す。生地を両手で丸め、最後に上部をつぶす感覚で押さえる。外側にドライフルーツが出ていると焦げるので、中に押し込む。
【ホイロ】
8 温度30℃、湿度75%で約45分休ませる（D）。
【焼成】
9 打ち粉（分量外）を十分にふり、カミソリでかるくクープを入れる（E）。
10 たっぷりと霧を吹き、220℃のオーブンで約20分焼く。

捏ねる
A　B

分割・ベンチタイム
C

ホイロ
D

焼成
E

Pain paysan
［パン・ペイザン］

　かつて、中世貴族に力があったころは、一般の人々は白いバゲットなど、なかなか食べられなかったことでしょう。それどころか、存在すらなかったかもしれません。当時、地方に住む人々は、どんなパンを食べていたのでしょうか。

　想像されるのが、パン・ド・カンパーニュ（田舎パン）のようなライ麦パンです。これは、見た目からしてやぼったい、田舎っぽい雰囲気があります。

　このパン・ペイザンは、さらに素朴な雰囲気があります。ペイザンヌ（農家の人）という名前も、そんなところからつけられたのではないでしょうか。

　粉もちょっと多めにかかっていて、食べてみると、農家の人というほのぼのとしたイメージがいっそう強くなります。

　ところが、このパンは、どんなリッチな食材ともよくマッチして、たちまち豪華なパンに変身するのです。そのため、今では、こだわりのあるパン屋さんの店頭で大きな顔をしております。

　毎年のようにフランスを訪れ、車で各地のレストランを食べ歩いていますが、二つ星、三つ星クラスのレストランでテーブルパンとして出てくるのは、バゲットではなく、こうしたライ麦のプティパンです。

　名前から受ける印象とは裏腹に、グランブティックのテーブルを飾る、華やかな一面があるのです。

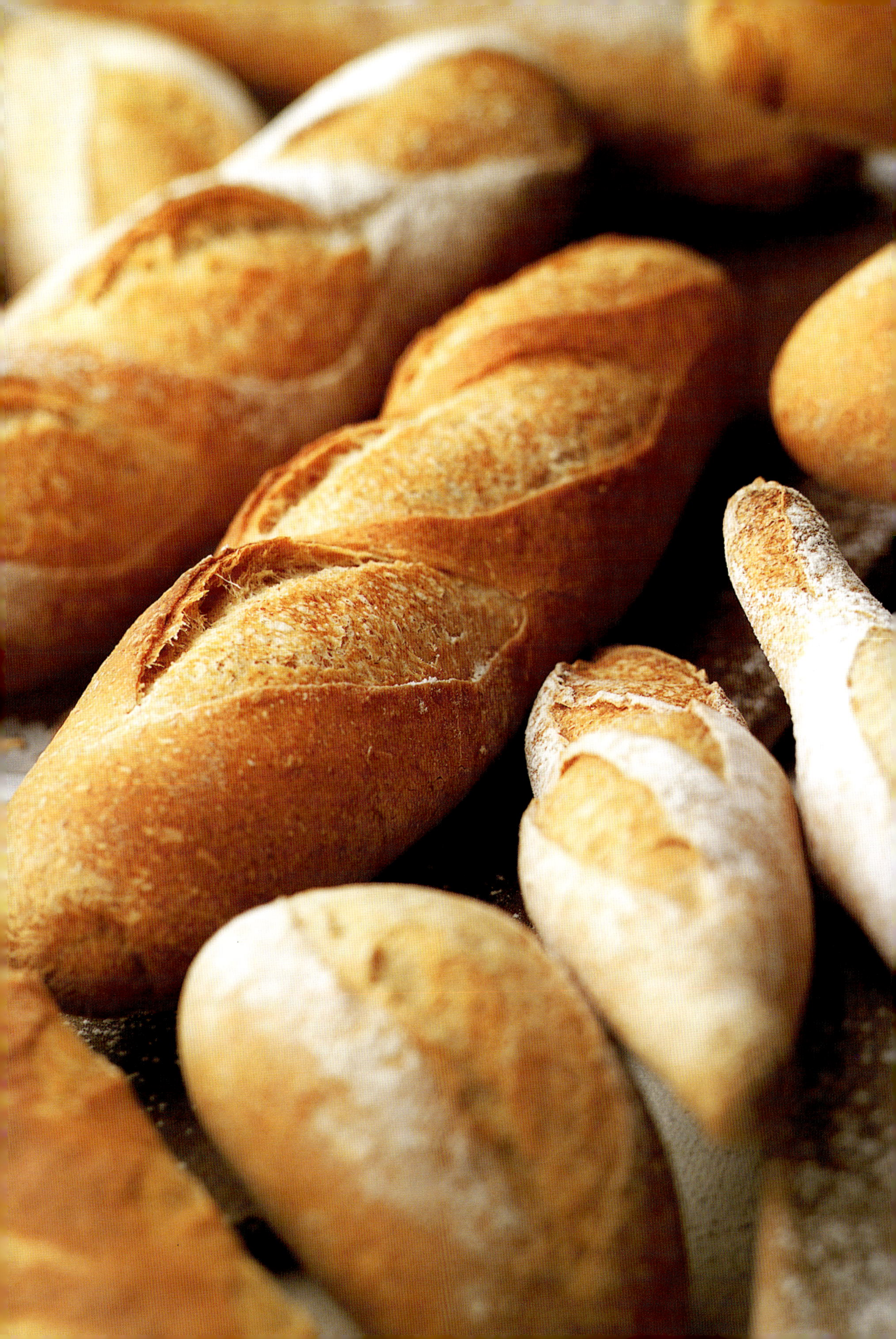

「パン・ペイザン」
かみしめるほどに味のある素朴なパン。サーモンや生ハムとの相性も抜群です

● **材料**（プティパン、プティクッペ、プティバゲット各5個分）

中種
a {
- フランスパン専用粉（リスドオル）・・・・・・・・・・・・・・・・・・225g
- 細挽きライ麦粉（ファイン）・・25g
- ルヴァン種（→p74）・・・・・・112g
- パン・トラディショネル生地（→p28）・・・・・・・・・・・・・112g
- ユーロモルト・・・・・・・・・・・・2.5g
- インスタント・ドライイースト・・1g
- 水・・・・・・・・・・・・・・・・・・約150mℓ
}

本捏ね
b {
- 細挽きライ麦粉（ファイン）・・50g
- フランスパン専用粉（リスドオル）・・・・・・・・・・・・・・・・・・350g
- 塩・・・・・・・・・・・・・・・・・・・・・・1g
- インスタント・ドライイースト・・14g
}
- 水・・・・・・・・・・・・・・・・・・・・250mℓ

● **必要な道具**
ボウル、木べら、麺台、温度計、はかり、スケッパー、ぬれ布巾、キャンバス地の布、カミソリ、霧吹き、密閉容器、布巾

● **準備しておくこと**
1 ルヴァン種を作る（→p74 パン・オ・ルヴァン）。
2 パン・トラディショネル（フランスパン）生地を作る（→p28 家庭での作り方1～3）。

● **作り方**

【中種を捏ねる・発酵】
1 **a**を低速のミキサーに約5分かける。木べらで混ぜてもよい（A）。
2 温度30℃、湿度80%で約150分発酵させる。生地が盛り上がり、少しドロップ（ボウルの縁に表面が下がった跡が見える）した状態が理想（B）。

【本捏ね】
3 **b**に**2**を加え、水を少量ずつ加えながら、低速のミキサーに約10分かける。手捏ねの場合は、ある程度生地がまとまってから数回に分けて水を加える（C）。べたつくので、打ち粉（分量外）をしながら、約15分捏ねる。あまりこしをつけずに仕上げる（D）。捏ね上がり温度は25℃。

【発酵】
4 温度30℃、湿度80%で約60分発酵させる。捏ね上がりの状態（E）、約2倍にふくらんだ状態（F）。

【分割・ベンチタイム】
5 プティパン50g、プティクッペ75g、バゲット150g各5個に分割する（G）。丸めてバットに入れ、ぬれ布巾をかけて、室温で約25分おく。

【成形】
6 手で押しつぶし（H）、三つ折りにする（I）。
7 150gの生地は麺台の上で転がし、27cm長さの棒状に伸ばす。75gの生地は三つ折り後、クッペ型に成形する。50gの生地は先端を細く伸ばす（J）。

【ホイロ】
8 温度30℃、湿度75%で約60分発酵させる。キャンバス地の布のひだの間に置くと形が崩れない（K）。

【焼成】
9 フランスパン専用粉をかるくふり、カミソリでクープを入れ（L）、霧をたっぷりと吹く。上火210℃、下火180℃のオーブンで25分間焼く。

中種を捏ねる・発酵

A **B**

本捏ね

C **D**

発酵

E **F**

分割・ベンチタイム

G

成形

H **I** **J**

ホイロ

K

焼成

L

MAI

Beignet
[ベニエ]

　日本には、昔から揚げドーナツというものがあります。
　このベニエも、同じように油（オリーブオイル）で揚げるのですが、ドーナツよりもなんとなく大人っぽく、そしてややハイセンスな雰囲気を持っています。
　中にフルーツのジャムを入れたり、チョコレートを入れたりすることもできます。
　フランスでは、お祭りなど人が集まるときに、よく食べると聞いています。
　春を告げる、いかにも季節感のあるパン（お菓子）です。
　オリーブオイルで揚げてあるため、とてもかるくてヘルシーです。このパンの仲間には、南フランスのモンペリエあたりで作られている、オレイエットというオレンジ風味の揚げ菓子があります。

●材料(10個分)●
バター・・・・・・・・・・・・・・・・・・・30g
砂糖・・・・・・・・・・・・・・・・・・・・・24g
a ┌薄力粉(バイオレット)・・・・・200g
　├ベーキングパウダー・・・・・・・・5g
　├アーモンドパウダー・・・・・・・30g
　└塩・・・・・・・・・・・・・・・・・・・・・・4g
全卵・・・・・・・・・・・・・・・・・・・・100g
b ┌レモン汁・・・・・・・・・・・・・・・少々
　├オレンジフラワーウォーター少々
　└オレンジの皮(おろす)・・・・・少々
＊カソナード、ブラウンシュガー、粉糖、
　揚げ油(オリーブオイル)‥各適量

●必要な道具●
ボウル、泡立て器、麺台、ラップ、直径9～10cmの菊形の抜き型、ナイフ、揚げ鍋、バット、玉じゃくし、ふるい、麺棒

●準備しておくこと●
1 薄力粉とベーキングパウダーは合わせてふるう。アーモンドパウダーと塩を手で混ぜる。
2 カソナードとブラウンシュガーを混ぜる。

●作り方●
【捏ねる】
1 ボウルにバターと砂糖を入れ、泡立て器で砂糖のザラつきがなくなり、全体に白っぽくなるまで混ぜる(A)。
2 1にaを加え、卵も溶いて加え混ぜる(B)。
3 bを加え、麺台の上でざっと混ぜる(C)。
【休ませる】
4 生地にラップをかけ、冷蔵庫で約20分休ませる。
【揚げる】
5 麺棒で8mm厚さに伸ばし、抜き型で5個抜く(D)。残りの生地をナイフでひし形に切り、ともに中央に切り込みを入れる。
6 175℃の油で揚げる。濃いキツネ色になったら取り出す(E)。
7 粗熱がとれる前に、カソナードとブラウンシュガーをまぶす。好みで粉糖をふる(F)。
＊カソナードはコクのあるカラメル色の砂糖で菓子によく使われる。

捏ねる
A
B
C

揚げる
D
E
F

Pain japonais
[パン・ジャポネ]

　おなじみ、日本風の菓子パンです。

　今回はプチメロンパンとレンズ豆のあんパン、お菓子屋さんのカスタード（クレーム・パティシェール）を詰めたクリームパンの3種類を作りました。

　メロンパンには、夕張メロンのようにオレンジ色をしたスペイン産のメロンを刻んで入れています。サクサクした表面は、ビスケット生地です。少し小ぶりに、品よく作りました。

　あんパンのあんは、フランス料理のガルニチュール（付け合わせ）でよく使われるレンズ豆を煮詰めたものです。いろいろ考えたあげく、最後にごま油を加え、中華風の味付けをしています。和風でもなく、中華風でもない、モダンで不思議な雰囲気がうまれました。

　クリームパンは、私のおすすめの卵（富山県のセイアグリシステム）を使い、ちょっと贅沢でコクのあるカスタードクリームを作りました。ふんわりとした卵の香り、口どけのよさは、手作りならではの味わいです。

　クリームやあんを自家製にこだわりましたが、これぐらいは最近の日本では当たり前だと思います。忙しくとも、こういう手間をかけることが大切です。

　これなら、かるく見られがちな日本風菓子パン君たちも、リッチに見てもらえるのではないかと思います。

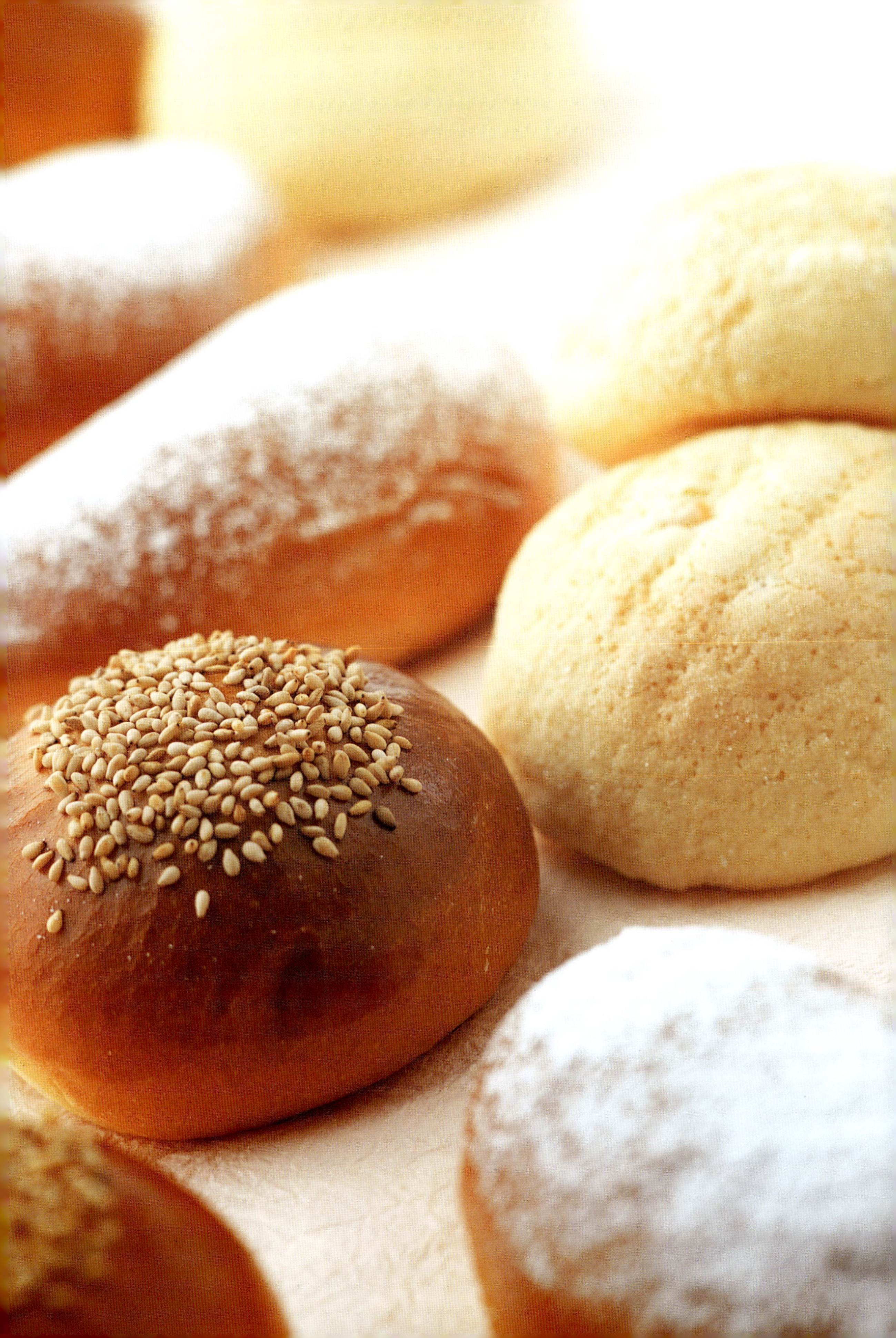

[パン・ジャポネ]
ビゴが作れば、一味違います。特製あんパン、クリームパン、メロンパンです

● 材料(40〜50個分) ●

中種
- a
  - 強力粉(スーパーカメリア)‥500g
  - 砂糖‥‥‥‥‥‥‥‥‥‥35g
  - 生イースト‥‥‥‥‥‥‥18g
- 水‥‥‥‥‥‥‥‥‥‥‥‥285㎖

本捏ね
- b
  - 強力粉(スーパーカメリア)‥215g
  - 砂糖‥‥‥‥‥‥‥‥‥‥145g
  - 塩‥‥‥‥‥‥‥‥‥‥‥10g
  - 脱脂粉乳‥‥‥‥‥‥‥‥15g
  - 卵黄‥‥‥‥‥‥‥‥‥‥110g
  - コンデンスミルク‥‥‥‥35㎖
  - 水‥‥‥‥‥‥‥‥‥‥‥35㎖
- バター‥‥‥‥‥‥‥‥‥‥70g

メロンパン
- メロン缶詰(スペイン産)‥‥‥100g
- バター‥‥‥‥‥‥‥‥‥‥30g
- 砂糖‥‥‥‥‥‥‥‥‥‥‥55g
- 全卵‥‥‥‥‥‥‥‥‥‥‥30g
- 薄力粉(バイオレット)‥‥‥‥100g
- レモン汁‥‥‥‥‥‥‥‥‥2㎖
- グラニュー糖‥‥‥‥‥‥‥適量

あんパン
- レンズ豆‥‥‥‥‥‥‥‥‥300g
- 砂糖‥‥‥‥‥‥‥‥‥‥‥300g
- ごま油‥‥‥‥‥‥‥‥‥‥20㎖
- 塩‥‥‥‥‥‥‥‥‥‥‥‥少々
- 白炒りごま‥‥‥‥‥‥‥‥適量

クリームパン
- カスタードクリーム(→p10)‥‥300g
- 粉糖‥‥‥‥‥‥‥‥‥‥‥適量
- 全卵‥‥‥‥‥‥‥‥‥‥‥適量

● 必要な道具 ●

鍋、木べら、ボウル、麺台、ラップ、カード、スケッパー、霧吹き、直径7cmの丸い抜き型、はけ、はかり、絞り出し袋、麺棒、泡立て器

● 準備しておくこと ●

1 レンズ豆を一晩水に浸しておく。
2 メロンはシロップをきり、細かく刻む。
3 カスタードクリームを作る(→p10 作り方2)。

● 作り方 ●

【あんを炊く】
1 鍋にレンズ豆とひたひたの水(分量外)を入れ、約120分煮る。砂糖を加え混ぜ(A)、約25分煮立てて火を止め、塩、ごま油を加え混ぜ、冷ます。

【中種を捏ねる・発酵】
2 麺台かボウルにaを合わせ、水を数回に分けて加え混ぜる(B)。麺台の上で、約5分捏ねる。
3 ラップをかけ、温度30℃、湿度80%で約70分発酵させる。

【本捏ね】
4 3にbを加え、約10分手で捏ねる、バターを入れ、さらに約5分捏ねる。生地を手で伸ばしたとき、なめらかになるように(C)。メロンパン用に生地500gを取り分け、刻んだメロンを加え混ぜる。

【発酵】
5 すべての生地を温度30℃、湿度70〜80%で約70分発酵させる(D)。

【分割・ベンチタイム】
6 メロンパンは25g、あんパン、クリームパンは30gずつに分割して丸め、約20分ベンチタイムをとる(E)。

【メロンパンの成形】
7 ビスケット生地を作る。バターを練り、砂糖、全卵、薄力粉、レモン汁を加え混ぜ、2㎜厚さに伸ばし、直径7cmの丸型で抜く(F)。
8 6のメロンパン用の生地に霧を吹き、7をかぶせて丸める(G)。
9 再び霧を吹き、グラニュー糖をまぶし、スケッパーで網目模様をつける(H)。

【あんパンの成形】
10 あんパンの生地を平らに伸ばし、1のあん25gずつを包む。指でつまんで口を閉じ(I)、口が下になるよう置き、かるく押す。

【クリームパンの成形】
11 生地を楕円形に伸ばし、中央にカスタードクリーム20gずつを絞る。縁にはけで水を塗り、餃子の要領で包む(J)。

【ホイロ】
12 温度30℃、湿度80%であんパンは約40分、クリームパンは約30分発酵。メロンパンは常温で30〜40分発酵させる。

【焼成】
13 あんパンとクリームパンに溶き卵を二度塗りし、あんパンの上部中央に白ごまを振る(K)。3種類のパンを200℃のオーブンで約15分焼く。冷めたらクリームパンに粉糖をふる。

あんを炊く
A

中種を捏ねる・発酵
B

本捏ね
C

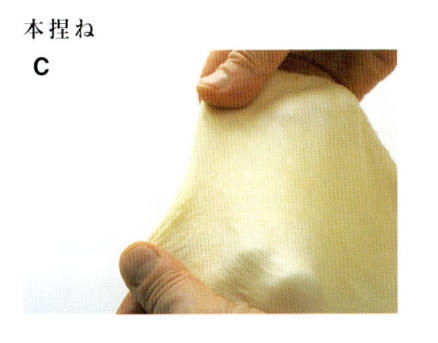

発酵
D

分割・ベンチタイム
E

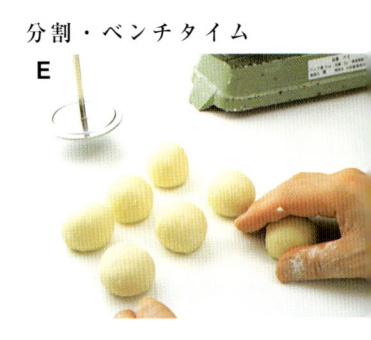

メロンパンの成形
F　　**G** 　　**H**

あんパンの成形
I

クリームパンの成形
J

焼成
K

JUIN

Butter roll
［バターロール］

　芦屋のビゴの店にいたころ、バターロールは人気商品で、毎日たくさんのお客さんが買っていきました。

　バターロールは、いつのまにか本籍地が日本になったようなパンではないでしょうか。

　フランス料理が、まだ洋食といわれた時代、バターロールはテーブルの上で偉そうにしていました。

　でも、最近のレストランのテーブルでは、あまり姿が見られません。みんなプティパン（フランスパン）に変わってしまいました。パン自身がリッチなために、最近の料理には合わなくなったのではないかと思っています。

　バターロールは、むしろ何もつけずに味わうのが、一番ではないでしょうか。

● 材料(18個分) ●

a
- 強力粉(スーパーカメリア) ……………………212g
- 薄力粉(バイオレット) ……38g
- 砂糖 ……………………30g
- 塩 ………………………5g
- 脱脂粉乳 ………………10g
- 全卵 ……………………30g
- 生イースト ……………10g

水 ……………………………135ml
バター ………………………38g
すましバター(→p100 作り方13)、
　溶き卵 …………………各適量

● 必要な道具 ●
ボウル、麺台、カード、はけ、温度計
木べら、布巾、麺棒、はかり

● 作り方 ●

【捏ねる】

1 ボウルにaを合わせ、一気に水を加え混ぜる(A)。

2 生地が柔らかいので、両端をつまみ、麺台に叩きつけるようにして、生地になめらかさが出るまで捏ねる(B)。

3 生地を伸ばすと向こうの指が透けるようになったら(C)、バターを合わせ、さらに20分ほど捏ねる。捏ね上がりの温度は26℃(D)。

【発酵・パンチ】

4 温度30℃、湿度80%で約65分発酵させる。

5 生地をかるく折りたたみ、ガス抜きする。

【ベンチタイム】

6 35g18個に分割して丸め、布をかぶせて約20分休ませる(E)。10分たったら片方が太いバット形に伸ばし(F)、残り約10分はそのまま休ませる。

【成形】

7 麺台にすましバターを塗り、生地の太い方を手前に置き、5mm厚さに伸ばし、手前から巻く(G)。

【ホイロ】

8 温度30℃、湿度80%で約50分発酵させる。

【焼成】

9 溶き卵を塗り(H)、200℃のオーブンで約20分焼く。すましバターをたっぷりと塗る。

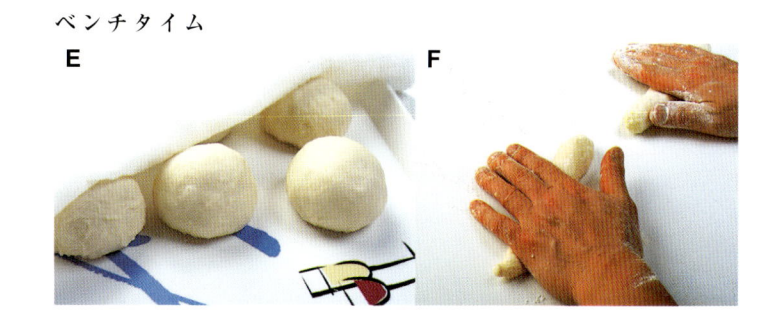

捏ねる

ベンチタイム

成形

焼成

ベーシックなパン ふたつの作り方

ムッシュ・ビゴは、ブリオッシュに卵をたっぷり、バターもたっぷりと入れます。夏場には、ミキサーボウルの下に氷水を当てて、もうこれ以上柔らかくすると手でさわれない、というぐらいまで水を入れて、ゆっくり、じっくりと仕込みます。

　それぐらい生地は柔らかいのに、焼き上がってみると、ボリュームがあり、サクサクしています。

　そばで見ながら、「どうして、こんな風に仕上がるのだろう」と、疑問に思っていました。

Brioche
［ブリオッシュ］

　ムッシュ・ビゴのすばらしさは、フランスパンにあるという人は多いようです。でも、本当のすごさは、バターと卵の風味がふわっと広がる、風味豊かなブリオッシュにあります。

　ムッシュのブリオッシュを、目の当たりにしてきたことは、私の最大の財産といえると思います。

　それほど、奥の深いブリオッシュですが、最近のパン屋さんの中には、安易な気持ちで仕込んだり、焼いたりしている人が見うけられるようです。これが、私は残念でたまりません。

ブーランジェ(パン職人)の作り方

●材料(70個分)●

a ┤
- フランスパン専用粉(リスドオル)……………………700g
- 強力粉(スーパーカメリア)・300g
- 砂糖……………………120g
- 塩………………………24g
- 生イースト……………20g
- 全卵……………………10個

水………………………250ml
バター…………………400g
溶き卵…………………適量

●必要な道具●
麺台、はかり、カード、温度計、焼き型100個、はけ、ミキサー、布巾

●作り方●
【捏ねる】
1 aを低速のミキサーにかける(A)。少しずつ水を加えながら約15分まわす。
2 ミキサーを中速に変え、さらに約10分(B)。途中、生地にハリが出てきたら、バターを3、4回にわけて加える(C)。
3 手で薄く伸ばしたとき、なめらかな膜ができればよい(D)。捏ね上がりの温度は24℃。

【発酵・パンチ】
4 温度30℃、湿度75%で約90分発酵させる。
5 生地を折りたたんでガスを抜く(E)。柔らかい生地なのでやさしく扱う。
6 同様に約60分発酵させる。
7 生地を折りたたんでガスを抜く。
8 10℃の冷蔵庫で半日おく。

家庭での作り方

●材料(20個分)●

a ┤
- フランスパン専用粉(リスドオル)……………………210g
- 強力粉(スーパーカメリア)……………………………90g
- 砂糖……………………36g
- 塩………………………7g
- インスタント・ドライイースト…………………………3g
- 全卵……………………3個

水………………………75ml
発酵バター……………120g
溶き卵、バター、グラニュー糖‥各適量

●必要な道具●
ボウル、はかり、麺台、はさみ、はけ、ラップ、スケッパー

●作り方●
【捏ねる】
1 ボウルにaを入れ、ハンドミキサーか手でかき混ぜながら、水を少しずつ加え混ぜる(A)。
2 ミキサーを中速に変え、約20分かける(手捏ねなら約40分)。発酵バターを5回に分けて加え混ぜる(B)。
3 高速で約10分かけ(手捏ねなら約20分)、なめらかな生地を作る(C)。

【発酵・パンチ】
4 温度28℃、湿度75%で約100分発酵させる(D)。
5 生地をかるく持ち上げ、折りたたむようにしてガスを抜く(E)。
6 同様に約70分発酵させる(F)。写真の大きさになったら、再びガス抜きをし、ラップをして冷蔵庫に入れ、さらに、半日休ませる。

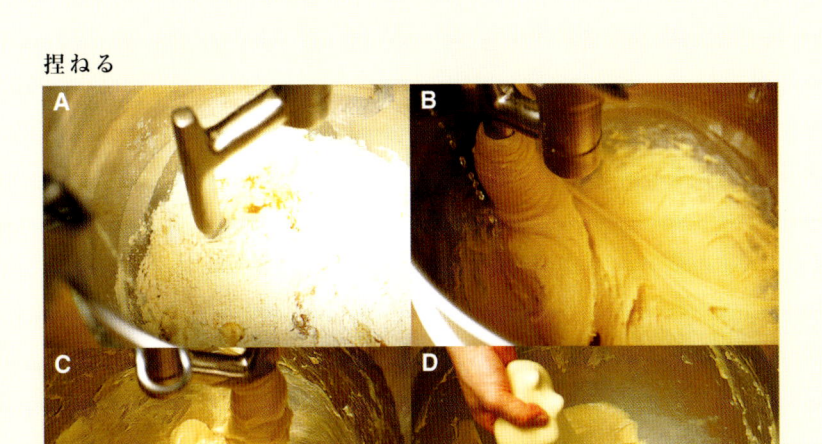

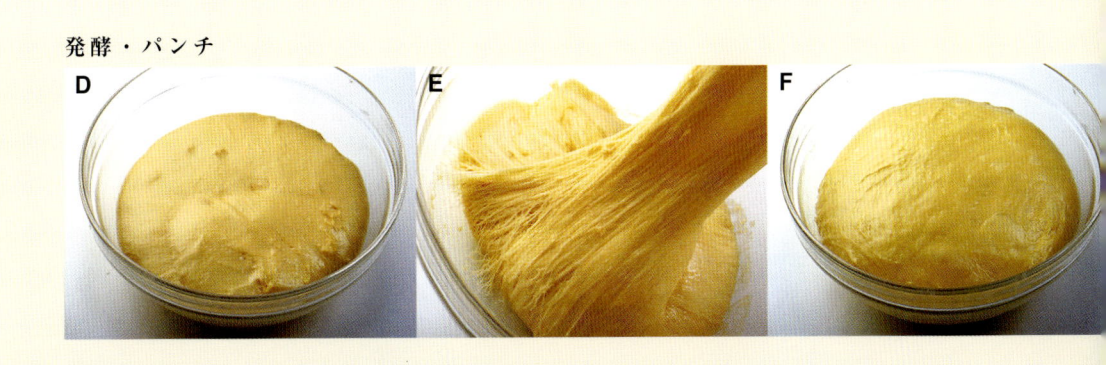

捏ねる

発酵・パンチ

捏ねる

発酵・パンチ

【分割・ベンチタイム】
9 35g100個に分割し、手で丸める（G）。
10 布をかけて20分休ませる。

【成形】
11 バット形に伸ばし、1/4部分にくびれをつける（H）。布をかけ、約5分休ませる。
12 もう一度くびれをつけてから、型に（分量外）入れる。最初3/4部分を型へ入れ、手粉（分量外）をつけた指で1/4をこけしの首のように丸め、生地の中央にのせ、付け根をしっかりと押さえ込む（I）。

【ホイロ】
13 温度32℃、湿度80％で約40分発酵させる。

【焼成】
15 溶き卵を2度塗る（J）。オーブンに天板を入れ、熱く焼き、パンをのせる。下火を強く設定した220℃のオーブンで約15〜20分焼く。下火が強いので生地がぐっと上にふくらんでいく。

分割・ベンチタイム

成形

【分割・ベンチタイム】
7 35g20個に分割し、手で丸める（G）。
8 ラップをして20分休ませる。

【ホイロ】
9 天板にのせ、温度32℃、湿度80％で約40分発酵させる（H）。

【成形】
10 溶き卵を塗り、水でぬらしたはさみで十字の切り込みを入れる（I）。中央に1cm角のバターを置き、グラニュー糖をふる。

【焼成】
11 220℃のオーブンで約15分焼く。

分割・ベンチタイム

ホイロ

焼成

成形

翌日、パンが残ったら……

Nid d'abeilles
[ニダベイユ]

アーモンド、バター、生クリームでリッチなおいしさ

●材料(16個分)●

ブリオッシュ	……………	角形1個
a	はちみつ…………………125g	
	バター……………………125g	
	砂糖………………………50g	
	生クリーム………………30mℓ	
アーモンドスライス………150g		
カスタードクリーム(→p10 作り方2)		
………………………………適量		

●作り方●

1 ブリオッシュは8mm厚さに切る。
2 鍋にaを入れて火にかけ、沸騰し、薄く色づいてきたらアーモンドスライスを加え、火からおろす。仕上がりはカフェ・オ・レ色が目安（A）。
3 1のパン1枚に**2**を塗り、もう1枚にカスタードクリームを塗る（B）。**2**を塗った面が上になるように重ねる。残りも同様にする。
4 オーブンに入れ、約10分焼く。
＊p54のブリオッシュの場合は、7～8個を各2～4等分して作る。

3 レシピに書けなかった材料や作り方のこと…

「捏ねる」基本

捏ねるという工程には、いくつかの基本があります。これを頭に入れておくと、パン作りは格段に上達します。

1　一般的に発酵時間が長いパンは、捏ね時間を短く仕上げる方がいい。
発酵時間の長いパン・トラディショネルの捏ね時間は短く、反対に、パン・ド・ミーなどのように発酵時間の短いものは、捏ね時間が長くなります。

2　捏ね上げ温度を知るための方程式
生地の温度によって、イーストの発酵時間が異なってきます。つねに、一定の発酵が行えるよう、ムッシュ・ビゴは、経験から次のような方程式を作り、パン・トラディショネルを作るときの水の温度を割り出していました。

　　定数（65）＝ 気温（室温）＋ 粉の温度 ＋ 水の温度

気温26℃、粉の温度が26℃なら水の温度は 約13℃（季節により調整）となります。

3　パンの種類によって、捏ね方を変える
●生地にコシをつけたいとき（A）
体重をのせて右前に押し出し、手前に戻し、左前に押し出し、戻すを繰りかえす。
●柔らかい生地を扱うとき（B）
指先で生地を持ち、スナップをきかせて麺台に叩きつける。生地に手の熱が伝わらないので生地がだれない。
●一般的な捏ね方（C）
体重をのせて、しっかりと生地を捏る。

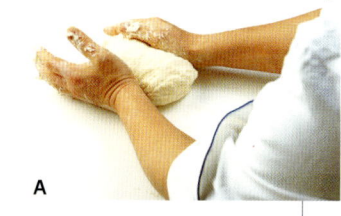

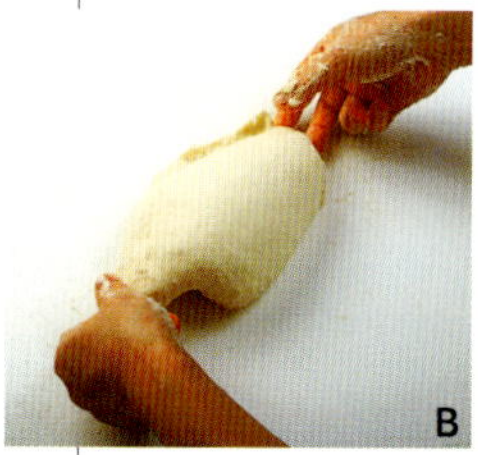

フランス・ラギィオールの
ソムリエナイフ

　フランス中部山岳地帯の山の頂上に、ラギィオールという刃物の町があります。
　この町は、ミッシェル・ブラスという天才的な料理人がいることでも有名です。彼は、豊かな自然の中で、ハーブなど自然素材を生かした料理を作っています。
　私も数年前、リモージュから200kmの山道を車で飛ばし、食べに行きました。このナイフは、その記念に手に入れたものです。
　写真では分かりませんか、柄の部分に蝉のマークが入っています。これは、ラギィオールのシンボルで、日仏を問わず、一流のソムリエが愛用しているものです。
　何かと便利なので、私もフランスに旅行するときには、かならずポケットに入れています。フランスでは、だれもが知っている逸品でもあります。

シェフのこだわりアイテム

JUILLET
AOUT
SEPTEMBRE

JUILLET

Focaccia milanais
［ミラノ風フォカッチャ］

　毎年、フランスに行くのが恒例となっている私ですが、この間、久しぶりにイタリア・ミラノ郊外のヴェローナに行ってまいりました。

　イタリアはパンといっしょに食べる食材の天国です。オリーブ、パルミジャーノ・レッジャーノ、ドライトマト、生ハムetc.とにかく、いっぱいあります。

　ところが、パンはというと、しっかり焼いたハードなものは少なく、かるく焼いたものが多いのです。

　そんなアンバランスなところが、私にとっては面白く、新しいメニューのアイデアにつながります。

　これは、イタリア料理の食材を使って料理とスナック（軽食）の間ぐらいのイメージで作ってみました。まさにイタリアでいうところのパニーノ（panino）です。

　こういうイメージのパンが、イタリアではパン屋や食材屋さんの店頭にたくさん並んでいます。

　私は自分の店でも、パンと相性のよい食材を店頭に並べておりますし、Rungis（ランジス・パリ中央市場）の名をとった食材の店までやっております。最初のころは、フランスが中心でしたが、いろいろ勉強していくうちにイタリアのものが増えてきました。

　そんなところから、ヒントを得てこのフォカッチャがうまれました。

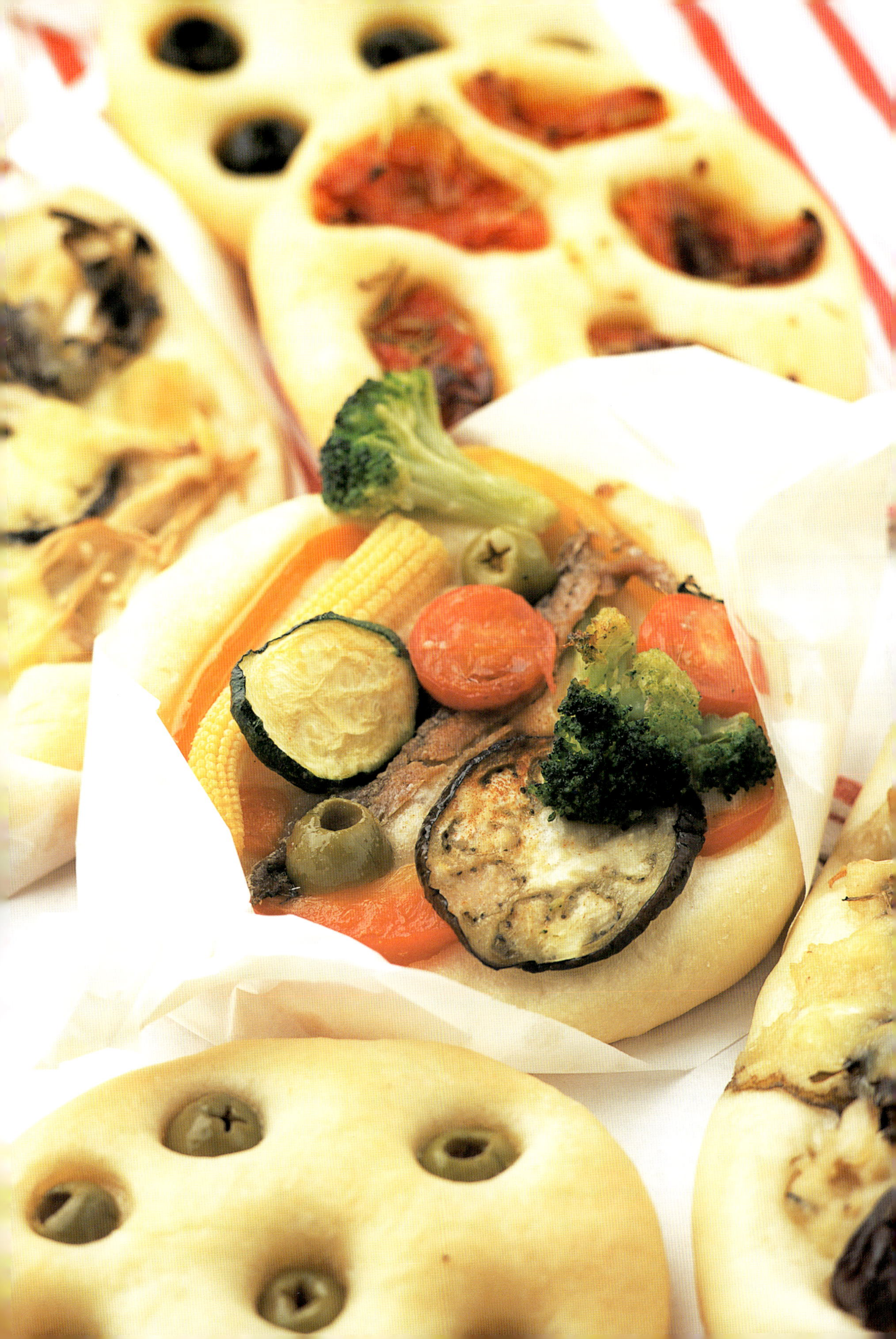

[ミラノ風フォカッチャ]
かるく焼き上げたパンに、夏野菜やオリーブ、キノコを飾ったイタリアの味

● 材料（大3個、小9個分）●

フォカッチャ生地
a ┌ 強力粉（スーパーカメリア）
  │ ･･････････････････500g
  │ 砂糖 ･･････････････10g
  │ 塩 ･･･････････････12g
  └ 生イースト ･･････････15g
オリーブオイル ････････････60ml
水 ･･････････････････････300ml

夏野菜のフォカッチャ
ズッキーニ、ナス、パプリカ（ともに薄切り） ････････････････････各適量
フルーツトマト（半分に切る）･･･適量
ブロッコリー（小房に分けてゆでる）
･･･････････････････････････適量
ベビーコーン、アンチョビフィレ
･･･････････････････････････各適量
ガーリックパウダー、パプリカパウダー、塩 ････････････････････各適量

キノコのフォカッチャ
ベシャメルソース（→p83）････適量
エノキダケ、マイタケ、シメジ（ともに石突きを切ってほぐす）･････適量
ナス（薄切り）、パルメザンチーズ・各適量

オリーブとトマトのフォカッチャ
グリーンオリーブ、ブラックオリーブ、セミドライトマト、ローズマリー（ドライ）･･･････････････････各適量
E.V.オリーブオイル ･･･････適量

● 必要な道具 ●
麺台、ボウル、カード、はけ、はかり麺棒、鍋、木べら

● 準備しておくこと ●
1 ベシャメルソースを作る（→p83 作り方1）
2 生イーストと粉類はすり合わせる。

● 作り方 ●
【捏ねる】
1 麺台にaを置き、中央にくぼみを作る。
2 少しずつ水を注ぎ入れ、粉と混ぜていく（A）。水は生地の硬さを調節するために少し残す。
3 生地がまとまってきたら生地を広げ、オリーブオイルを加え混ぜる（B）。この段階では、多少ザラつきがあってもよい。生地がまとまらないようなら、水を加減しながら加える。
4 約7分手で捏ねる。この時点でも、まだ生地にザラつきが残っていてもかまわない（C）。
【発酵】
5 温度28℃、湿度75％で約65分発酵させる（D）。
【分割・ベンチタイム】
6 120g3個と60g9個に分割し、手でかるく丸めてバットなどにのせ、約20分休ませる（E）。
【成形】
7 生地を麺棒で7mm厚さに伸ばす。夏野菜とオリーブとトマトのフォカッチャは円形に、キノコのフォカッチャは楕円形に成形する（F）。
【ホイロ】
8 7を天板の上に置き、温度28℃、湿度75％で約30分発酵させる。
【仕上げ】
9 夏野菜のフォカッチャを作る。円形の生地にE.V.オリーブオイルを塗って野菜とアンチョビを盛り、ガーリックパウダー、パプリカパウダー、塩をふる（G）。E.V.オリーブオイルをまわしかける。
10 キノコのフォカッチャを作る。楕円形の生地にベシャメルソースをのせ、キノコとナスをのせ、チーズを散らす（H）。
11 オリーブとトマトのフォカッチャを作る。円形の生地にE.V.オリーブオイルを塗り、ブラックとグリーンのオリーブ、ドライトマトを埋めるように置き、ドライトマトにはローズマリーをふる。はけでE.V.オリーブオイルを塗る（I）。
【焼成】
12 180℃の下火の強いオーブンで約20分焼く。

捏ねる

A　B　C

発酵

D

分割・ベンチタイム

E

成形

F

仕上げ

G　H　I

63

JUILLET

Beagle
［ベーグル］

「ベーグルって、本当においしいの？」——と長い間私は考えていました。

でも、あるとき野菜をはさんだヘルシーなベーグルのサンドイッチを食べて、考えが変わりました。

案外サクサクしていて、その上、食べ口はかるく、もう1つ食べようかと思ったぐらい、すっとお腹に入ってしまいました。

昔は、発酵時間が短いパンというのは、あまりおいしいと思われていませんでした。でも、ベーグルは、それを逆手にとっているのでしょう。

私たちのまわりには、見過ごされたおいしさが、まだまだたくさんありそうです。常識という眼鏡をはずして、新しいおいしさを掘り起こしていきたいと思います。

● 材料（6〜7個分）●

a ┌ 強力粉（スーパーカメリア）‥270g
　│ 薄力粉（バイオレット）‥‥‥30g
　│ 細挽きライ麦粉（ファイン）‥30g
　│ 砂糖‥‥‥‥‥‥‥‥‥‥‥12g
　│ 塩‥‥‥‥‥‥‥‥‥‥‥‥6g
　│ インスタント・ドライイースト‥‥3g
　└ ユーロモルト‥‥‥‥‥‥‥2g
水‥‥‥‥‥‥‥‥‥‥‥‥‥174㎖

● 必要な道具 ●
ボウル、木べら、カード、はかり、浅鍋、クッキングペーパー、トング

● 作り方 ●

【捏ねる】

1 ボウルにaを入れ、水を加えながら木べらで混ぜる（A）。

2 生地にまとまりができたら、低速のミキサーに約10分かける（B）。手捏ねの場合は約18分捏ねる。

【発酵・分割・ベンチタイム】

3 温度32℃、湿度75％で約30分発酵させる（C、D）。

4 80g 6〜7個に分割し、親指と人差し指で丸め（E）、約10分休ませる。

【成形】

5 手の平で転がしながら伸ばし、棒状にする。一方の端を平らにつぶし、もう一方を包み込むようにしてつなぐ（F）。クッキングペーパーを10cm四方に切り、生地のつなぎ目を下にしてのせる。

6 浅い鍋に水400㎖と砂糖20g（分量外）を入れて溶かし、90℃に熱する。5の両面を1分ずつ浸す（G）。クッキングペーパーにのせたまま湯につけ、裏返したときにクッキングペーパーをはがす。

【焼成】

7 200℃のオーブンで約15分焼く。
＊好みでチーズや野菜をはさんでも、おいしい。

捏ねる

A　B

発酵・分割・ベンチタイム

C　D

E

成形

F　G

AOUT

Quiche lorraine
［キッシュ・ロレーヌ］

　これは、アルザス地方の少し北、ロレーヌ地方の代表的なオードブル（スナック）です。練りパイでケースを作り、中に生クリームと牛乳、塩、こしょう、オニオン、チーズ、ハムなどを入れるのが、もっともオーソドックスな作り方です。

　フランスの家庭料理ですから、その家によって、それぞれ味が違うそうです。ムッシュ・ビゴの義兄のジャン・ピエールは、シャルキュトリー（惣菜屋）で働いていたこともあるのですが、彼の作るキッシュは絶品です。塩加減、コク、火の通り具合など、どれをとってもプロの技です。私は一口食べてうなりました。

　キッシュは大きくも、小さくも自由に作れ、冷凍してストックすることもできるという便利なものです。

　カフェの定番メニューですから、パリなどを旅行していて、ちょっと小腹がすいたときに、カフェでキッシュ・ロレーヌを注文すれば、ちょうどいい食事がわりになると思います。

　まだまだ日本では、扱う店が少ないようですが、ビゴの店では温かみのある、かるい一品として、オープン当時から全店でおいています。

　最後に私からのアドバイスをひとつ。流し入れるキッシュソース（アパレイユ）のわずかな塩加減が、できあがりの味を大きく左右します。慎重にしてください。

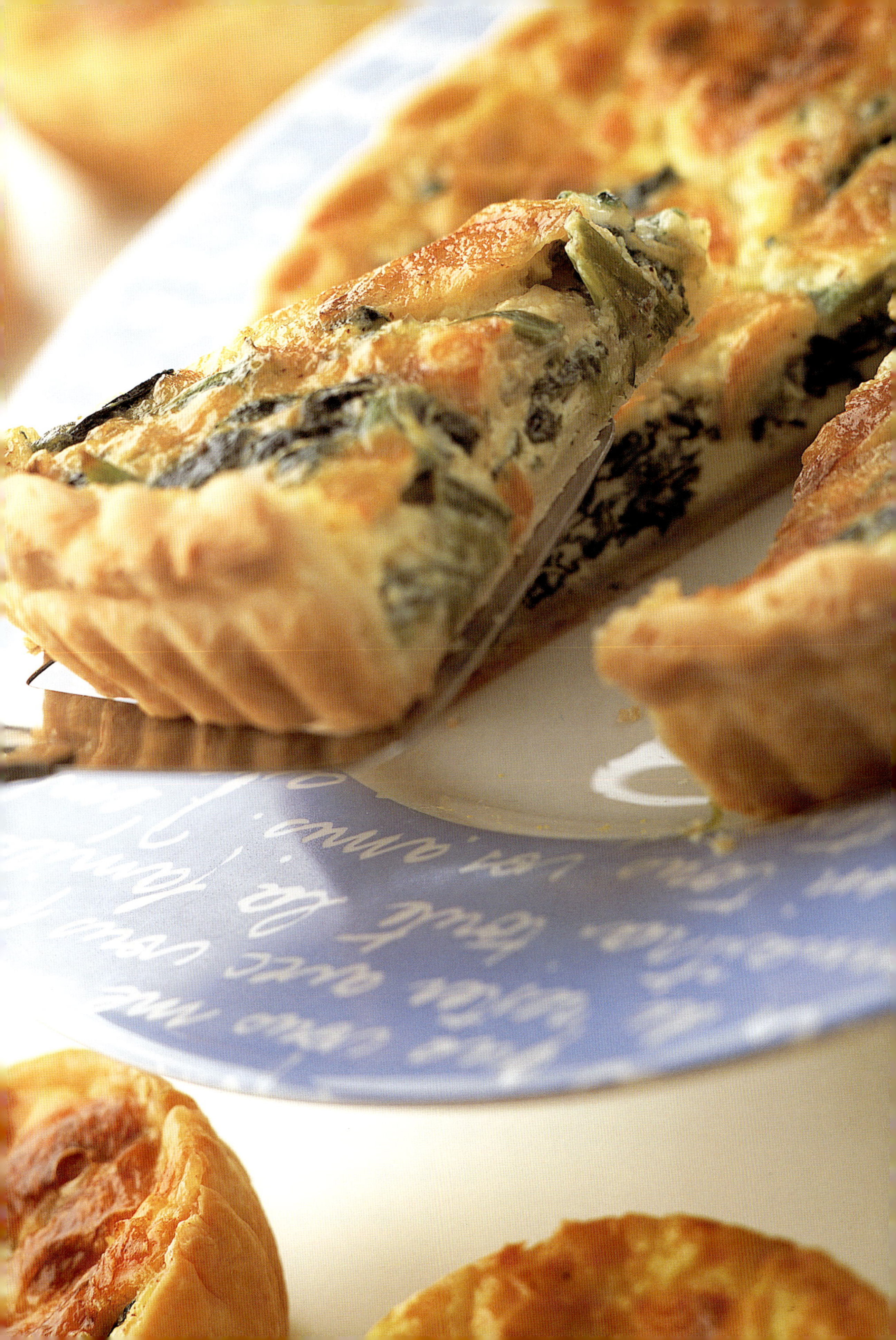

[キッシュ・ロレーヌ]
熱々の焼きたてでも、冷めてもおいしい、カフェの定番メニュー

●材料(タルト型大2台、小3台分)●

練りパイ生地
- 薄力粉(バイオレット)・・・・・・・500g
- 塩・・・・・・・・・・・・・・・・・6g
- 砂糖・・・・・・・・・・・・・・・12g
- バター・・・・・・・・・・・・・250g
- 水・・・・・・・・・・・・・・・160㎖

キッシュソース(アパレイユ)
a ┃ 生クリーム(乳脂肪42%)・500㎖
　┃ 牛乳・・・・・・・・・・・・500㎖
　┃ 全卵・・・・・・・・・・・・・4個
　┃ 卵黄・・・・・・・・・・・・・2個
　┃ 塩・・・・・・・・・・・・・7.5g
　┃ こしょう、ナツメグ・・・各2.5g

- ハム(食べやすく切る)・・・・・・適量
- *シュレッドチーズ・・・・・・・・適量
- ほうれん草・・・・・・・・・・・1/2束
- 玉ねぎ・・・・・・・・・・・・・1/2個

●必要な道具●
ボウル、ラップ、ナイフ、泡立て器、鍋、フライパン、麺台、麺棒、ピケローラー、パンセ、直径18cmのタルト型2台、直径10cmのタルト型3台

●準備しておくこと●
1 ほうれん草は塩少々(分量外)を加えた熱湯でゆでて水気を絞り、3cm長さに切る。
2 玉ねぎは薄切りにし、油(分量外)をひいたフライパンで薄く色づく程度に炒める。

●作り方●
【捏ねる】
1 ボウルに、薄力粉、塩、砂糖を入れ、バターをちぎって加え(A)、手でもみ込むようにして混ぜる。
2 水を少しずつ加え、バターが全体にざっくりとなじむまで、さらに混ぜる(B)。
【休ませる】
3 ラップをかけ(C)、生地が硬くなるまで冷蔵庫で約60分休ませる。
【型に敷く】
4 麺台に取り出し、麺棒で2.5mm厚さに伸ばし、ピケローラーかフォークで全体に空気抜きの穴をあける(D)。
5 型の直径よりも2～4cm大きく、生地をカットし、型に敷く(E)。生地が型の底の角まで入るように、ていねいに指で押さえる。
6 型の縁からはみ出した生地は、高さをつけながら指でつまんで固定する(F)。さらに、パンセでつまんで模様をつける。
【休ませる】
7 ラップをかけて冷蔵庫に入れ、約30分休ませる。
【アパレイユを詰める】
8 ボウルにaを入れ、なめらかになるまで泡立て器でよく混ぜる(G)。
9 直径18cmの型1個にハムとシュレッドチーズ、もう1個にはほうれん草と玉ねぎ、シュレッドチーズを入れる(H)。小さい方の型にも、適宜具を入れる。8を型の縁まで流す(I)。
【焼成】
10 上火170℃、下火180℃のオーブンで約30分焼く。

*シュレッドチーズは短冊形に刻んだ溶けるチーズ。

今後の参考にさせていただきますので、ご意見・ご感想をお聞かせ下さい。

●この本をお買いになった動機は？（複数回答可）

□タイトルにひかれて　　　　　　　　□装丁・デザインがよかった
□著者が好きだから　　　　　　　　　□テーマ・企画に興味があった
□書評・紹介記事を読んで　　　　　　□広告を見て
□内容を見てよかったから　　　　　　□プレゼントでもらったから
□その他（　　　　　　　　　　　　　　　　　　　　　　　　　　　　　　　）

●この本についてのご意見・ご感想をお聞かせ下さい。

●これからの刊行について、ご意見・ご希望などがあればお書き下さい。

ご感想を広告などに使用させていただく場合がございます。

郵便はがき

1508790
203

料金受取人払

渋谷局承認

606

差出有効期間
平成18年12月
31日まで
切手不要

東京都渋谷区宇田川町15−1
PARCO出版　愛読書カード係 行

|||||||||||||||||||||||||||||||

●ご購入の書籍名 □

●お名前(フリガナ)　　　　　　　　　　　　　　　　　　　　　　　[男・女]

●ご住所　　　　　都・道　　　　　　区・市　●ご年令
　　　　　　　　　府・県　　　　　　町・村
　　　※個人情報保護のため、市区町村以下のご記入は不要です。　　　才
●ご職業　□学生　□会社員　□公務員　□教職員　□自営業　□自由業
　　　　　□主婦　□その他(　　　　　　　　　　　　)

●この本をどこでお知りになりましたか？
　□新聞(新聞名:　　　　　　　)□雑誌(雑誌名:　　　　　　　)
　□ＴＶ(番組名:　　　　　　　)□人にすすめられて
　□書店で見て　　　　　　　　□その他(　　　　　　　　　)

●ご購入された書店名:

www.parco-publishing.jp

2005.06

捏ねる
A B

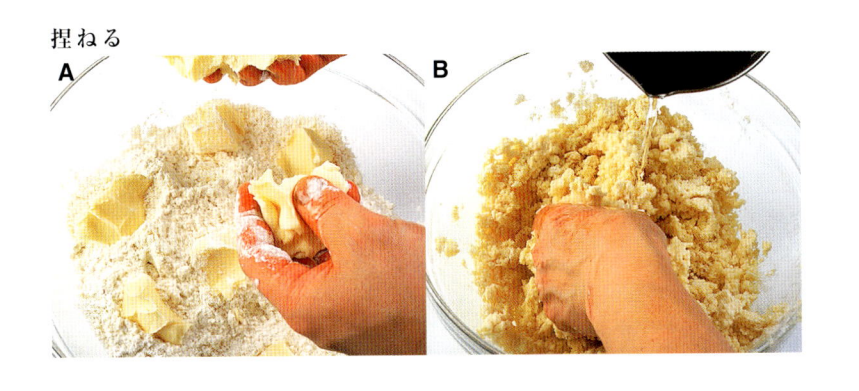

休ませる
C

型に敷く
D E F

アパレイユを詰める
G H

I

69

Bretzel alsacien
[アルザス風ブレッツェル]

　ビゴの店では、ドイツパンは扱わないというスタイルを貫いてきました。

　ところが、フランス・アルザス地方、ストラスブルグのビアホールに行ったとき、岩塩がたっぷりかかったブレッツェルが出てきました。

　一口かじってびっくり。

　ブレッツェルがこんなにおいしいものだったとは。

　それまで、乾パンのドイツ風ぐらいに考えていた私でしたが、このときばかりはムッシュ・ビゴの意見をおしきって店頭においてしまいました。

　今でも、ムッシュには「ドイツのパンをおくなんて、君は裏切り者だよ」とよくいわれます。でも、これだけはゆずれません。だって、あまりにもおいしかったから。

● 材料(8個分)●

a ┃ 強力粉(スーパーカメリア)‥300g
  ┃ 塩‥‥‥‥‥‥‥‥‥‥‥‥6g
  ┃ 生イースト‥‥‥‥‥‥‥‥12g
  ┃ ユーロモルト‥‥‥‥‥‥‥3g

水‥‥‥‥‥‥‥‥‥‥‥‥‥165mℓ
ショートニング‥‥‥‥‥‥‥‥15g
＊ラウゲン溶液‥‥‥‥‥‥‥500mℓ
アルペンザルツ(ドイツ産の岩塩)‥適量

● 必要な道具 ●
ボウル、麺台、ラップ、はかり、カード、バット、カミソリ、トング

● 作り方 ●

【捏ねる】
1 ボウルにaを入れ(A)、水を少しずつ加えながら、低速のミキサーに約5分かける。手で捏ねる場合はボウルの中でまとめ、麺台に移し、5分捏ねる。
2 ショートニングを加え、中速のミキサーで約5分。手捏ねは約8分。多少ザラつきが残った状態に捏ねる(B)。

【ベンチタイム・分割】
3 ラップにくるみ、冷蔵庫で約10分休ませる。
4 60g 8個に分割して丸め(C)、さらに室温で約10分休ませる。

【成形】
5 手で生地を押しつぶしてから巻き、さらに引いて棒状に伸ばす(D)。
6 先端が細くなり、約50cmの長さになるまで伸ばす。両端を持ち、端から15cmのところで一度クロスさせてねじり、端は返して生地の上部につけ、ブレッツェル形を作る(E)。
7 冷蔵庫で約60分休ませる。

【浸す】
8 ラウゲン溶液に7を漬けて取り出す。表面が乾いたら、もう一度浸す(F)。

【焼成】
9 中央の太い個所にカミソリでクープを入れ(G)、アルペンザルツをふる。230℃のオーブンで約20分焼く。

＊ドイツでは、色つやがきれいに出るのでラウゲン溶液(4%の苛性ソーダ溶液)を使う。家庭では扱いが難しいので、重曹40gを水500mℓに溶かしたもので代用する。

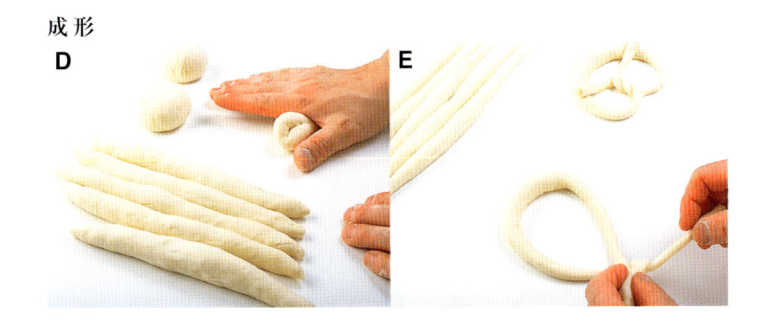

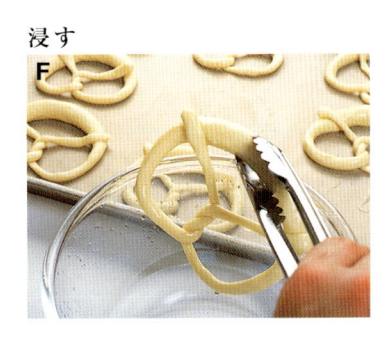

捏ねる

ベンチタイム・分割

成形

浸す

焼成

Pain au levain
［パン・オ・ルヴァン］

　このパンについては、何ページあっても、何時間あっても、語りたりません。それぐらい、私にとってはよい思い出があり、同時に苦い思い出もあるパンなのです。

　20年ほど前、天然酵母が脚光を浴びる以前は、日本で手に入る天然酵母パンといえば、パリのポアラーヌのものしかありませんでした。

　パリから空輸された高価なパンを、小さくちぎり、何もつけずに食べたものです。かみしめるほどに深みの出るパンに、「どうやったら、こんなパンが焼けるんだろう」、「どうやって仕込めばこんな味が出るんだろう」と考えていました。

　芦屋の修業時代、当時の先輩からルヴァン種をもらい、シェフとなった銀座の店で焼いてみたことがあります。なかなか納得できるものができず、ひとりで途方にくれたものです。

　ようやく満足のいくものが焼けるようになりましたが、お客さんの評判は今ひとつでした。

　そんなとき、ムッシュ・ビゴにこう言われました。

　「本当にいいものだと信じるなら、自信をもって作り続けることだ。1日ひとりずつでも、お客さんがついてくればいいじゃないか」

　気持ちがふっとかるくなり、力がわいてきたことを覚えています。

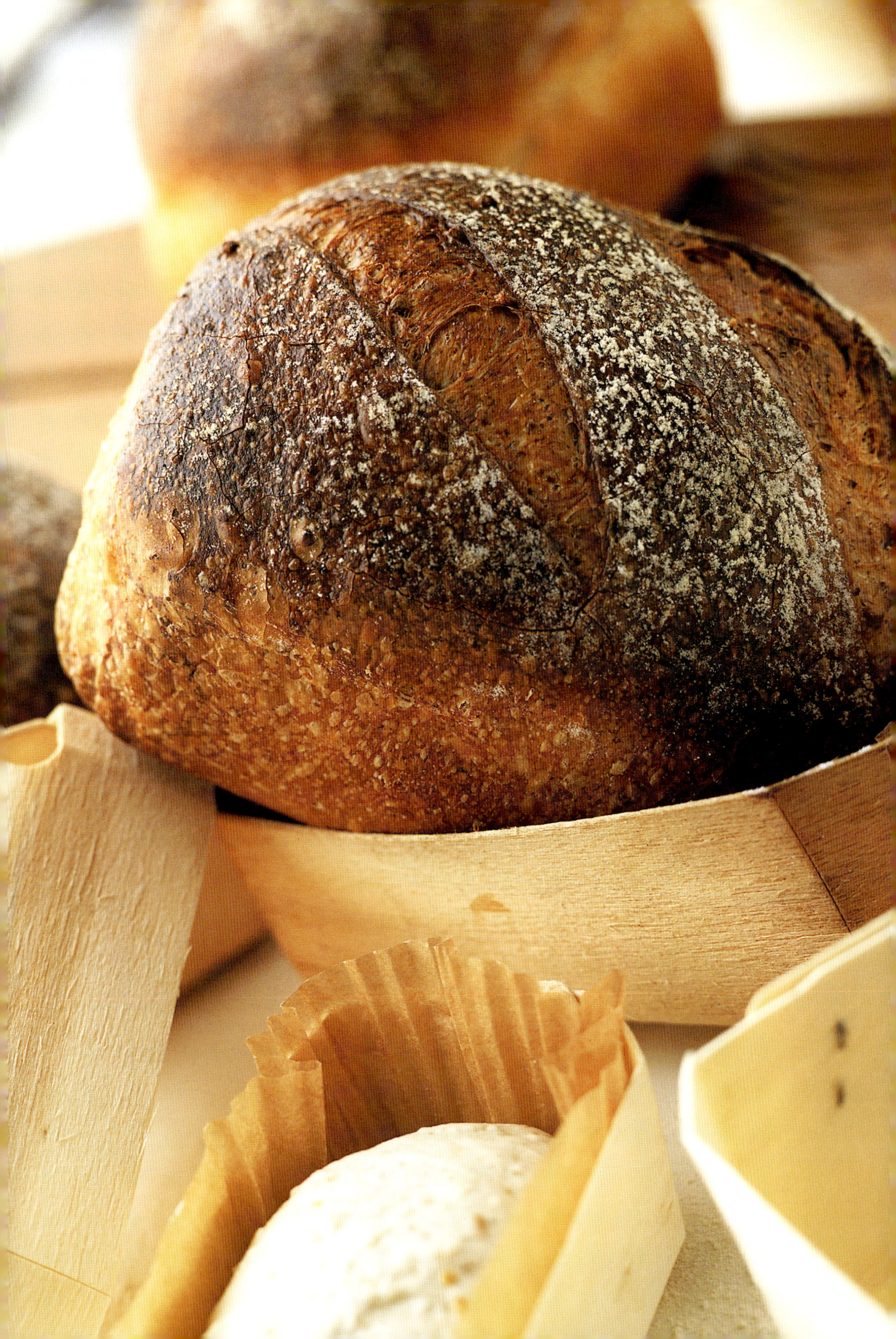

［パン・オ・ルヴァン］
レーズンを使い、ていねいに育てた天然酵母で作ります。ハード系パンの代表格

● 材料（300g 2個、250g 2個分）●

a ┌ フランスパン専用粉（リスドオル）
　　　　……………………………500g
　├ 粗挽きライ麦粉 ……………65g
　├ 細挽きライ麦粉（ファイン）…65g
　└ 水 ………………………約400mℓ
ルヴァン種………………………250g
ユーロモルト………………………4g
ビタミンC…………………………1mℓ
塩…………………………………15g

● 必要な道具 ●

ボウル、ラップ、密閉容器、布巾、木べら、麺台、スケッパー、カミソリ、はかり、霧吹き、木製のパニポア（ハード系パン用の木型）4個

● 作り方 ●
【本捏ね】
1 ボウルにaを入れ（A）、手で約4分しっかりと混ぜる（B）。
2 ラップをかけて冷蔵庫で30分間休ませる。
3 ルヴァン種とユーロモルト、ビタミンCを加えて約3分捏ねる（C）。ライ麦粉が水を吸収して生地がべたつくので、両端をつまんで、ひっくり返すようにするとよい。
4 塩を加え、さらに約6分捏ねる。まだ生地がべたついている状態が捏ね上がり（D）。

【発酵】
5 温度28℃、湿度75%で3時間～3時間半発酵させる（E、F）。

【分割・ベンチタイム】
6 300g 2個、250g 2個に分割して丸める（G）。約60分休ませる。

【ホイロ】
7 クッペ形に成形して型に入れ（H）、温度28℃、湿度75%で約90分発酵させる。

【焼成】
8 全体にフランスパン専用粉適量（分量外）をふり、カミソリでクープを入れる（I）。
9 皮をパリッと焼き上げ、食感をよくするためにたっぷりと霧を吹き、上火230℃、下火200℃のオーブンで30～40分焼き、こんがりとした焼き色をつける。

● ルヴァン種の準備 ●
【材料】
1日目　水300mℓ＋砂糖75g＋レーズン125g
4日目　絞り汁120mℓ＋フランスパン専用粉（リスドオル）180g
5日目　フランスパン専用粉（リスドオル）300g＋水150mℓ
6日目　フランスパン専用粉（リスドオル）750g＋水375mℓ
7日目　フランスパン専用粉（リスドオル）1,875g＋水938mℓ
8日目　水100mℓ＋塩2g

● 作り方 ●
1～3日目
密閉容器に水、砂糖、レーズンを入れ、常温（27℃）で3日間おく（J）。

4日目
布巾で漉し、フランスパン専用粉に絞り汁120mℓを加えて（K）、約15分ほど手で捏ねる（L）。温度28℃、湿度75%で約4時間発酵させ（M）、ガスを抜く。10℃の冷蔵庫で一晩休ませる。

5日目
この生地にフランスパン専用粉と水を加えて、約15分手で捏ねる（N）。4日目と同様に約4時間発酵させてガスを抜き、冷蔵庫で一晩休ませる。

6日目
生地にフランスパン専用粉と水を加えて約15分捏ね、同様に約4時間発酵させてガスを抜き、冷蔵庫で一晩休ませる。

7日目
生地にフランスパン専用粉と水を加えて約15分捏ね、約4時間発酵させてガスを抜き、冷蔵庫で一晩休ませる。

8日目
生地から200gを取り分け、水と塩を加えて約10分捏ねる。これをルヴァン種として使う。

＊雑菌を防ぐため、水は一度沸騰させ、容器も煮沸してから使うこと。

本捏ね

A B C

D

発酵・分割・ベンチタイム

E F

G

ホイロ

H

ル・ヴァン種の準備

J

焼成

I

K L

M N

SEPTEMBRE

Petit Pain châtaigne
［プティ・パン・シャテイン］

秋になるとパリでは、マロン・ショー、日本でいう甘栗が「焼き栗だよ！　熱いよ！」という呼び声とともに、あちらこちらで売られています。

コルネ状に巻いた紙に焼き栗を詰めてもらい、頬ばりながら歩いたときは、「これでやっと、パリジャンになれた！」と感激したものです。

栗の粉を入れてパンを焼くという発想は、フランス人にはありません。ここでもまた、ムッシュ・ビゴにそむいてしまいましたが、お店では大評判でした。

このパンはパリの三ツ星レストランのシェフ、ピエール・ガルニエール氏のパンを参考にしました。ほんのりと甘く、まろやかで、どんなお料理にもよく合います。ぜひ、一度お試しください。

●材料(大3個、小10個)●

a ｛ フランスパン専用粉(リスドオル)
　　　……………………425g
　プードルマロン(栗の粉)……75g
　塩……………………………10g
　インスタント・ドライイースト … 3g

水………………………300〜340mℓ
プチ・プチマロン(マロンの細かい粒) ……75g

●必要な道具●
ボウル、麺台、はかり、カード、カミソリ、霧吹き、温度計

●作り方●
【捏ねる】
1 ボウルにaを入れ(A)、水を加え混ぜる。
2 麺台に移して約8分捏ねる。生地が柔らかいので、両端をつまんで生地をひっくり返すようにする。
3 生地を広げ、プチ・プチマロンを手でほぐしながら加え(B)、全体に混ざるまで約2分捏ねる。捏ね上がりの温度は23℃(C)。

【発酵・パンチ】
4 温度28℃、湿度75%で約50分発酵させる。写真は発酵後(D)。
5 生地が柔らかいので端をつまむようにして折りたたみ、ガスを抜く(E)。
6 温度28℃、湿度75%でさらに約60分発酵させる。

【分割・ベンチタイム】
7 100g 3個、50g 10個に分割して丸める(F)。30分休ませる。

【成形】
8 手で平らにつぶして三つ折りにし、つなぎ目を指で押して折りたたむ(G)。手でかるく転がしてクッペ形にする。

【ホイロ】
9 温度28℃、湿度75%で約40分発酵させる。

【焼成】
10 フランスパン専用粉少々（分量外）をふって、カミソリでクープを入れる(H)。
11 たっぷりと霧を吹き、上火220℃、下火200℃のオーブンで15分間焼く。

＊プードルマロン、プチ・プチマロンの代わりに甘栗を刻んで使ってもよい。

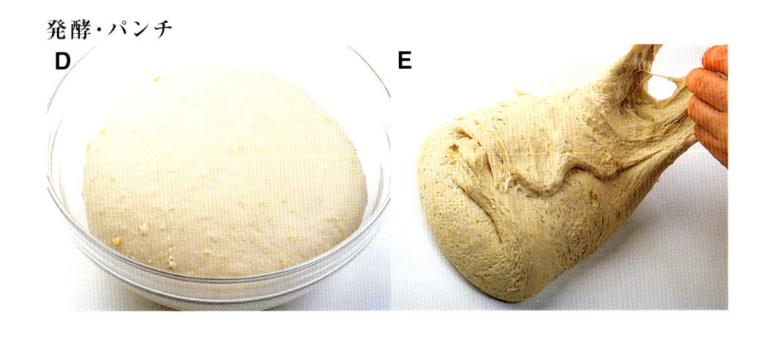

捏ねる
A
B
C

発酵・パンチ
D
E

分割・ベンチタイム
F

成形
G

焼成
H

ベーシックなパン ふたつの作り方

Pain

日本では、フランスパンよりも、パン・ド・ミー、つまり山形食パンの方に人気があるようです。

翌日トーストにして召し上がるお客さんが、多いと思います。でも、本当にこのパンのおいしさを味わうなら、トーストではなく、生のまま召し上がるのが一番です。

もちろん、トーストにもトーストのおいしさがあります。でも、焼き上がってすぐのパンの、もっともおいしい瞬間を逃してほしくないのです。焼きたてのパンの皮はパリパリと香ばしく、

de mie anglaise
［パン・ド・ミー・アングレーズ］

きめ細かくしっとりとした生地からは、甘い香りが立ち上ってきます。

これは、ほんの一瞬のうちに通りすぎてしまう味わいです。しかし、一度食べたら忘れられないおいしさです。

そのためにも、パンはまとめ買いせずに、こまめにパン屋さんに来てください。そして耳まで食べてください。私は子供のころ、母から「耳のほうが栄養がある」と教わりました。

比較的簡単に焼けるパンですので、ご家庭でも、上手にできます。

ブーランジェ（パン職人）の作り方

●材料（食パン型2台分）●

a ┃ 強力粉（スーパーキング）‥‥400g
　┃ 強力粉（スーパーカメリア）‥‥50g
　┃ 砂糖‥‥‥‥‥‥‥‥‥‥‥‥10g
　┃ 塩‥‥‥‥‥‥‥‥‥‥‥‥‥5g
　┃ 脱脂粉乳‥‥‥‥‥‥‥‥‥‥13g
　┃ 生イースト‥‥‥‥‥‥‥‥‥2g
　┃ インスタント・ドライイースト‥‥2g
マーガリン（有塩）‥‥‥‥‥‥‥15g
牛乳‥‥‥‥‥‥‥‥‥‥‥‥‥50mℓ
水‥‥‥‥‥‥‥‥‥‥‥‥‥‥270mℓ
溶き卵‥‥‥‥‥‥‥‥‥‥‥‥適量

●必要な道具●

ミキサー、麺台、麺棒、カード、はかり、はけ、長さ20×幅10×高さ7.5cmの食パン型5台

●作り方●

【捏ねる】
1 aをミキサーボウルに入れて低速で約3分まわす（A）。水と牛乳を合わせておき、静かに加え入れる（B）。
2 高速に変えて約8分かける。まだ、ハリのある薄い膜にはならない段階（C）。
3 マーガリンを加え、低速で3分、生地になめらかさとつやが出るまでかける（D、E）。

【発酵・パンチ】
4 温度32℃、湿度80％で約50分発酵させる。発酵前（F）、発酵後（G）。
5 両手で力強く押してガスを抜く（H）。
6 同様に約50分発酵させる。

捏ねる
A

家庭での作り方

●材料（アルミケースの食パン型5台分）●

a ┃ 強力粉（スーパーキング）‥‥250g
　┃ 砂糖‥‥‥‥‥‥‥‥‥‥‥‥10g
　┃ 塩‥‥‥‥‥‥‥‥‥‥‥‥‥5g
　┃ 脱脂粉乳‥‥‥‥‥‥‥‥‥‥13g
b ┃ インスタント・ドライイースト‥‥6g
　┃ 牛乳‥‥‥‥‥‥‥‥‥‥‥‥50mℓ
　┃ 水‥‥‥‥‥‥‥‥‥‥‥‥‥145mℓ
マーガリン（有塩）‥‥‥‥‥‥‥15g
溶き卵‥‥‥‥‥‥‥‥‥‥‥‥適量

●必要な道具●

麺台、はかり、ボウル、カード、はけ、長さ13×幅7.5×高さ4cmのアルミケースの食パン型5台

●準備しておくこと●

1 bを合わせて、イーストをよく溶かす。
2 型に薄く油（分量外）をひく。

●作り方●

【捏ねる】
1 麺台にaを盛り、中央をくぼませてカルデラ状にする。bを少しずつ加えながら混ぜ込んでいく（A）。
2 スナップをきかせながら、手で約12分捏ね、なめらかに生地が伸びるような状態にする（B）。ミキサーを使う場合は低速、中速、高速の順にスピードを早めながら約8分かける。
3 マーガリンを加えてさらに約5分捏ねる（C）。マーガリンを加えると生地に伸縮性が出て、引っ張るとすんなりと伸びる状態になる（D）。

【発酵・パンチ】
4 温度30℃、湿度80％で約50分発酵させる。写真は発酵前（E）。
5 量が少ないので、手でやさしくガス抜きをする（F）。
6 ラップをして同様に約50分発酵（G）。
7 ガス抜きする。生地は落ちついてきているので、二～四つ折りにして上からしっかりと押す（H）。

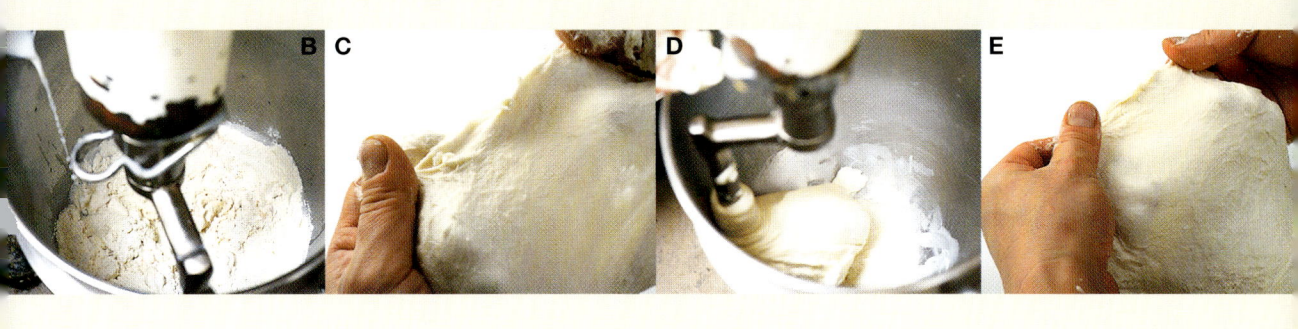

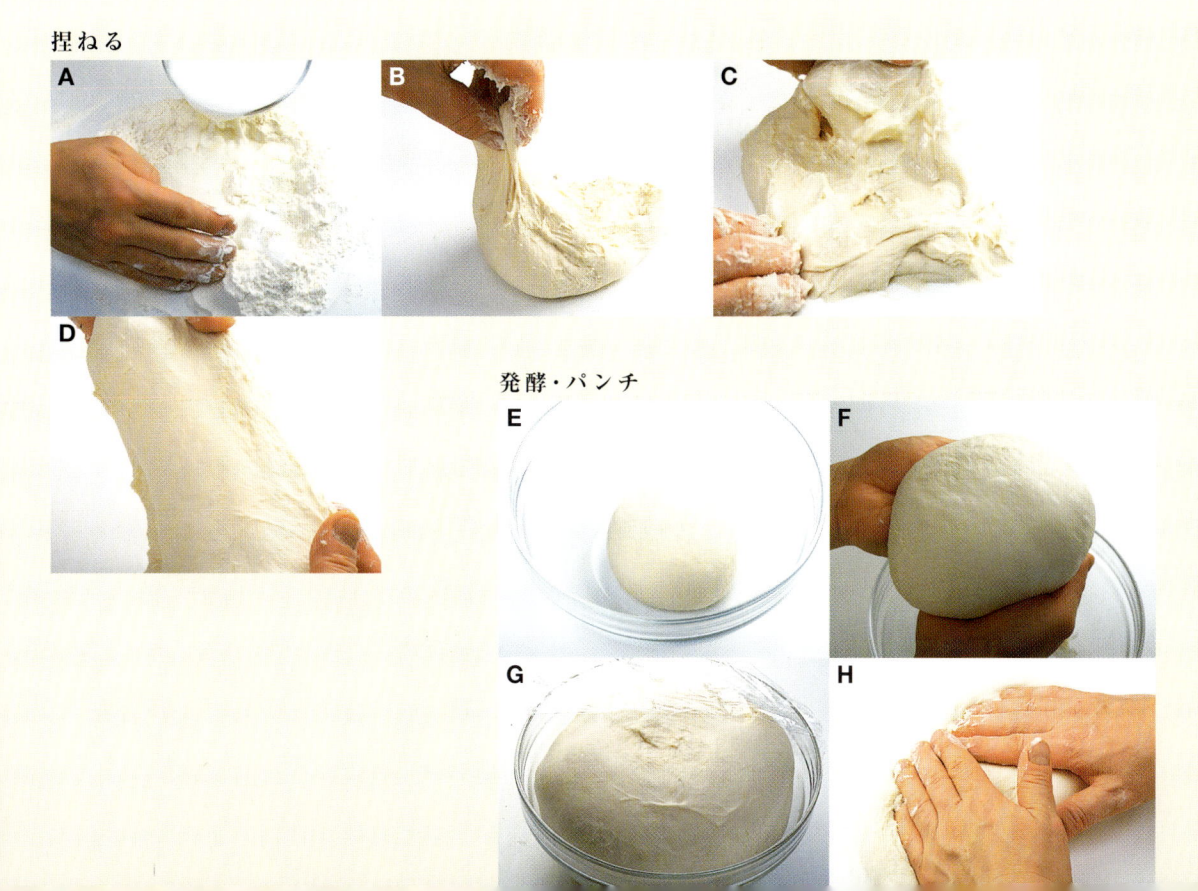

発酵・パンチ

捏ねる

発酵・パンチ

81

【分割・ベンチタイム】

7 120g 6個に分割して丸め、30分ベンチタイムをとる（I）。

【成形】

8 丸い生地を手で押して平らに伸ばし、三つ折りにする（J）。

9 麺棒で約30cm長さに伸ばし、手前から巻く。巻き終わりの継ぎ目をしっかりと手で押す（K）。

10 9を3個ずつ型に入れる。両端のロールは巻き終わりが中央に向くように置く（L）。

【ホイロ】

11 温度30℃、湿度80％で約50分発酵させる。

【焼成】

12 溶き卵を塗り（L）、210℃のオーブンで約30分焼く。最初は下火を強く、上火はつけず、後半は下火を調節しながら、上火を切る。焼き上がったら、すぐに型から取り出して冷ます。

分割・ベンチタイム

成形

【分割・ベンチタイム】

8 40g 10個に分割して丸め（I）、30分ベンチタイム（I）。

【ホイロ】

9 型に2個ずつ入れ、温度30℃、湿度80％で約40分発酵させる（J）。

【焼成】

10 溶き卵を塗り（K）、下火を強めに設定した220℃のオーブンで約30分焼く。

分割・ベンチタイム

ホイロ

焼成
L

翌日、パンが残ったら……

Croque-monsieur
[クロックムッシュ]

カフェ・オ・レを添えて、パリのカフェ気分で味わいます

●材料（4人分）●
パン・ド・ミー・アングレーズ‥½〜1本
ベシャメルソース
　牛乳‥‥‥‥‥‥‥‥‥‥700mℓ
　バター‥‥‥‥‥‥‥‥‥100g
　薄力粉‥‥‥‥‥‥‥‥‥100g
　塩、こしょう、ナツメグ‥‥各適量
ハム、チーズ（溶けるタイプ）‥各適量
パプリカパウダー‥‥‥‥‥‥適量

●作り方●
1 ベシャメルソースを作る。鍋にバターを溶かし、薄力粉を入れて弱火で十分に加熱する。牛乳を少しずつ加えてペースト状にのばす。塩、こしょう、ナツメグで味を調える。
2 パンは1cm厚さにスライスする。
3 2の1枚に1のベシャメルソース、ハム、チーズをのせる。もう1枚に1を塗ってはさむ（A）。残りも同様にする。
4 3の表面に1を塗り、チーズをのせる（B）。パプリカをふり、180℃のオーブンでチーズが溶けるまで焼く。

焼成
K

A

B

4 レシピに書けなかった材料や作り方のこと…

温度・湿度管理について

家庭のパン作りで、もっとも難しいのは温度管理でしょう。

イーストの発酵がもっとも活発になる温度は、ハード系のパンなら28～30℃、食パンなどの柔らかいパンでは30～32℃です。どちらも湿度は75～80％です。人間なら不快指数がもっとも高い、梅雨どきの温度、湿度ということになります。

パン屋さんでは、温度、湿度を管理した発酵機を使いますが、家庭では、乾燥を防ぐため霧を吹いてからビニールにくるんで日向に置いたり、こたつの中、あるいはキッチンの温度の高い場所などを探してください。温度が低いようなら、時間をかけて発酵させます。

パンは本来、時間をかけてゆっくり発酵させた方がおいしいものができます。一般的には2倍の大きさになり、押すと指の跡がつくようなら、発酵は完了です。

パン・トラディショネルでは、オーブンで焼き上げるときのスティーム（蒸気）も必要になります。スティームをかけることにより、生地のつやを出し、きれいなクープを作るのです。パン・トラディショネルを焼くときに一番難しいのは、このスティームのかけ方です。

家庭用のオーブンでは、あらかじめ天板に石を敷いて高温で熱し、熱湯を注いでからさらに熱します。こうして、蒸気がオーブンの庫内にあふれるようにしておくのです。ただし、フランスパン専用オーブンでは、スティームが上から出ますが、この方法では下から出ることになるので、多少仕上りの感じは変わってきます。

シェフのこだわりアイテム

ピンバッジいろいろ

パリのカフェで、ギャルソンがエプロンにピンバッジをいっぱいつけているのを、見たことがありますか？

フランス人はピンバッジが大好きで、地方の集まり、店、組合など、人が集って仲間ができると、ピンバッジを作りたがります。

そんな訳で、私もフランスに行くたびにめずらしいピンバッジをもらいました。気がつくと、食べ物関係だけでも、100個以上集まっています。

ちょっとしたパーティには、こうしたピンバッジ1、2個をかならず襟元につけて行きます。

写真のピンバッジは、アルザス地方特産のビールとブレッツェルをデザインしたもの。その後ろは私が好んで使っているイーストのメーカー、ル・サッフル社のピンバッジです。このほかにも、楽しいデザインがたくさんあります。

OCTOBRE
NOVEMBRE
DECEMBRE

OCTOBRE

Pain décor tour de France
[パン・デコール・トゥール・ド・フランス]

「トゥール・ド・フランス」という自転車レースをご存知ですか？

毎年7月、約1ヵ月かけてフランス中をまわるという競技で、競技が近づくとフランス中がこの話題でもちきりになります。

テレビで見ていると、あるときはアルザスの山岳地帯、あるときはプロヴァンスのラベンダー畑の中、あるときはシャンパーニュ地方の古い石畳の町並みと、フランス各地を、色とりどりのユニフォームに身を包んだ選手たちが、疾風のごとく走り抜けていきます。

自転車競技については門外漢の私ですが、スピード感やスリル、風景の美しさに、心を奪われてしまいます。

パンの世界にも、トゥール・ド・フランスがあります。パン・デコール（飾りパン）でフランス地図を作り、地方色豊かなパンを飾ったのが、それです。

プロヴァンス地方のフーガス、パリのパリジャンなど、おなじみのものだけでなく、めずらしい、楽しい、変わった形のパンをぎっしりとのせた飾りパンは、店頭のディスプレイにぴったりです。

私は、毎年2回はフランス各地を車で訪ね、めずらしいパンを探しています。見つけたら、地図の上に飾り、みなさんにご紹介したいと思っております。

パン・デコール・トゥール・ド・フランスは、私のライフ・ワークでもあるのです。

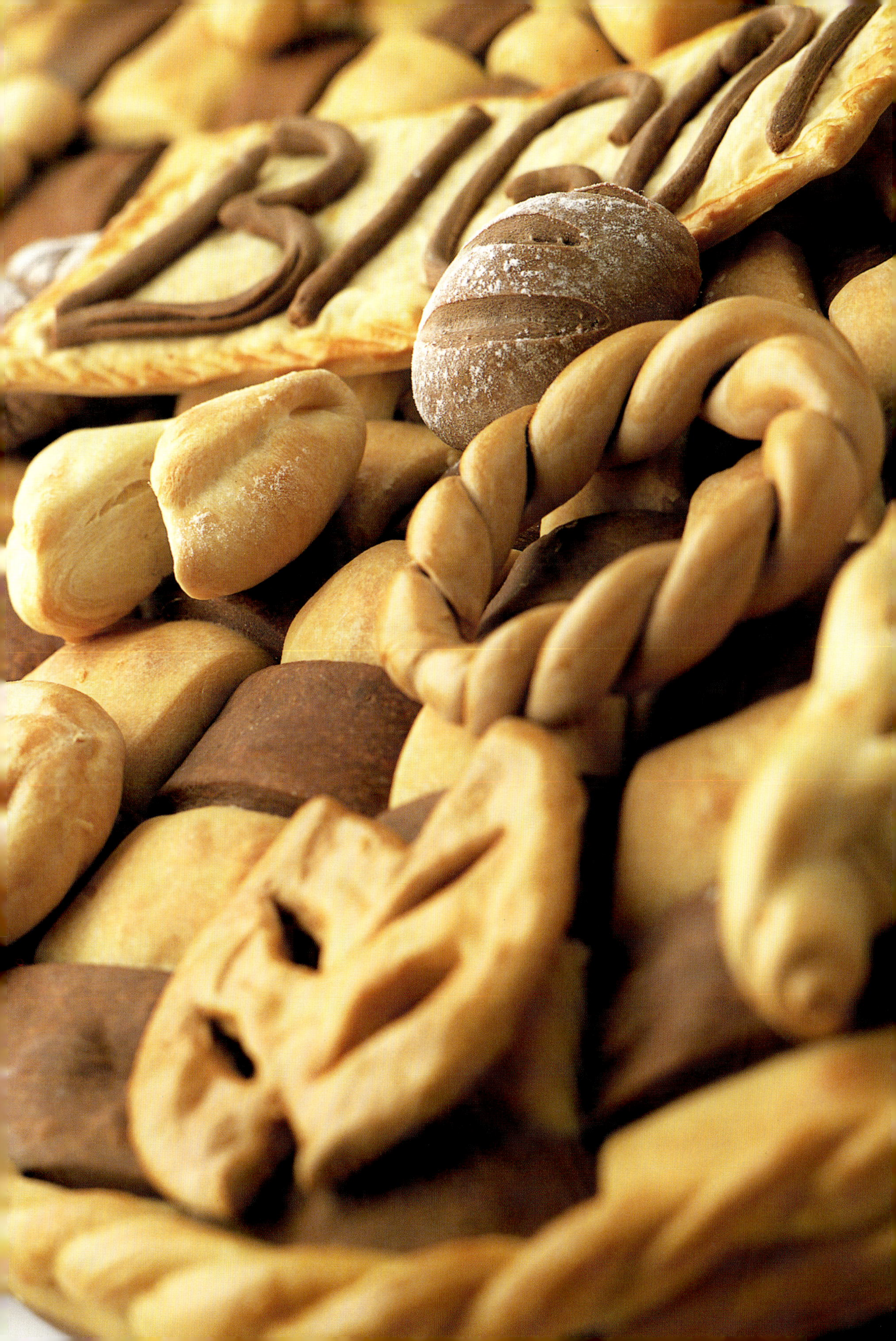

「パン・デコール・トゥール・ド・フランス」
フランスが熱狂する自転車競技にちなみ、パンで地図を作りました

● 材料（1個分）●
飾りパン（白）
フランスパン専用粉(リスドオル)・1kg
脱脂粉乳・・・・・・・・・・・・・・・50g
砂糖・・・・・・・・・・・・・・・・・30g
塩・・・・・・・・・・・・・・・・・・20g
水・・・・・・・・・・・・・・・・・500ml
マーガリン(有塩)またはショートニング
・・・・・・・・・・・・・・・・・・・50g

飾りパン（黒）
フランスパン専用粉(リスドオル)・1kg
脱脂粉乳・・・・・・・・・・・・・・・50g
ココア・・・・・・・・・・・・・・・・60g
砂糖・・・・・・・・・・・・・・・・・30g
塩・・・・・・・・・・・・・・・・・・20g
マーガリン(有塩)またはショートニング
・・・・・・・・・・・・・・・・・・・50g
水・・・・・・・・・・・・・・・・・500ml
溶き卵・・・・・・・・・・・・・・・・適量

● 必要な道具 ●
麺台、麺棒、はかり、ふるい、ラップ、ボウル、ナイフ、カミソリ、定規、直径10cmのセルクル型、カード、霧吹き、はけ

● 準備しておくこと ●
1辺55cmの正方形の段ボールに薄く油（分量外）を塗る。

● 作り方 ●
【飾りパン（白）生地を仕込む】
1 フランスパン専用粉と脱脂粉乳をふるいにかける(A)。
2 **1**に砂糖、塩を混ぜ、少しずつ水を加えながら10分ほど捏ねる(B)。後で麺棒でよく伸ばすので、あまりこしをつけないようにする。
3 マーガリンを加え、両手でもみ込むようにして全体に混ぜ込む(C)。
4 ラップをかけて冷蔵庫で約60分休ませる(D)。
【飾りパン（黒）生地を仕込む】
5 脱脂粉乳とココアをよく混ぜ、フランスパン専用粉といっしょにふるいにかける。
6 飾りパン（白）と同様、砂糖を塩を混ぜ、少しずつ水を加えながら約10分捏ねる(E)。
7 マーガリンを加え混ぜ、ラップをかけて冷蔵庫で60分休ませる。
【成形】
8 **4**の白生地を200g取り分ける。残りを麺棒で5mm厚さ、1辺が50cmの正方形に伸ばす(F)。
9 ダンボールにのせ、中央に直径10cmのセルクル型で印をつけ、その円を中心に放射状に24本の切り込みを入れる(G)。
10 **7**の生地も麺棒で5mm厚さに伸ばし、2cm幅、30cm長さを3本、3cm幅、60cm長さを3本切る(H)。残りの生地はとっておく。
11 **12**の中央にセルクルを戻す。2cm幅の黒パン生地を白パン生地に編むようにくぐらせ、市松模様を作る(I)。4列目から3cm幅の帯を使用する。
12 ナイフで生地をフランス国土の形にカットする(J)。
13 取り分けておいた白生地200gを手で転がして細いひも状に伸ばし、2等分する。両方をねじり合わせ、ロープをつくる(K)。
14 **12**の生地の縁に霧を吹き、**13**をつけて縁取りにする。溶き卵をはけで塗る(L)。
【焼成】
15 170℃のオーブンで40分焼く。
16 残りの生地で、中央にのせるプレートとミニチュアの地方のパンを作る(M)。フランスパン専用粉少々（分量外）をふって、170℃のオーブンで焼く。小さいので焦げないように注意し、焼き色がついたら取り出し、**15**に飾る。

＊飾り用にする場合は、カラーのニススプレーを吹くと保存性が高まる。

飾りパン(白)生地を仕込む

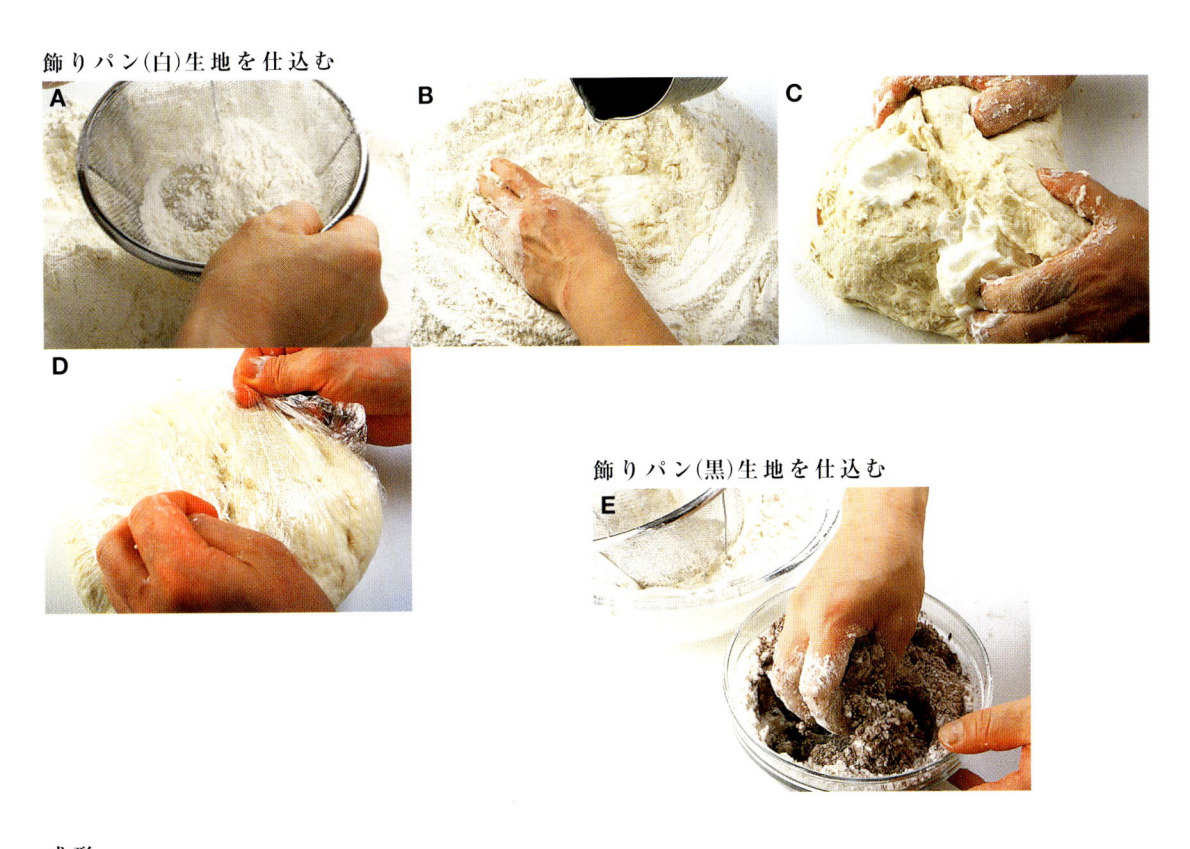

A   B   C

D

飾りパン(黒)生地を仕込む

E

成形

F   G   H

I   J   K

L

焼成

M

89

OCTOBRE

Galette d'automne
[ガレット・ドートンヌ]

　つまりは、栗とさつまいものガレットです。

　日本では昔から、和菓子などでも、栗とさつまいもの組み合わせが多くみられます。きっと相性がいいのでしょう。

　フランスでも、このふたつはとても評判がいいのです（とくに女性に）。

　さつまいもをゆでてペーストにして練り込み、栗を刻んで入れることにより、コクのある甘さが出ました。見た目にはちょっとやぼったいのですが、秋らしい雰囲気があり、お菓子屋さんに比べて店頭に季節感が乏しいパン屋にはうってつけのメニューだと思います。

　秋の落ち葉のイメージで、アーモンドスライスをかけました。黒ごまとともに、歯ざわりの楽しさも生まれました。

●材料（約10個分）●

a {
- フランスパン専用粉(リスドオル)
　　　　　　　　　　　…………300g
- 塩…………………………6g
- 砂糖………………………36g
- 生イースト………………12g
- 牛乳………………………150mℓ
- 全卵………………………1個
- 生クリーム………………24mℓ
}

- さつまいも……………………135g
- 発酵バター……………………36g
- 渋皮つき栗甘露煮……………90g
- 黒炒りごま、アーモンドスライス、粉糖
　　　　　　　　　　　…………各適量

●必要な道具●

裏ごし器、ナイフ、ボウル、麺台、麺棒、カード、はかり、霧吹き

●作り方●

【捏ねる】

1 さつまいもを柔らかくゆでて皮をむき、裏ごす。

2 ボウルにaを混ぜ、麺台で転がしながら10分ほど捏ねる。

3 2に1をのせ、全体が均一な黄色になるまで混ぜる（A）。

4 バターを加え、生地につやが出て、なめらかになるまで約8分捏ねる（B）。

5 栗甘露煮を5mm角のサイコロ形に切って加え、約2分捏ねる。栗は練り込まないので、全体に混ざればよい（C）。

【発酵】

6 温度30℃、湿度75%で約60分発酵させる（D、E）。

【分割・ベンチタイム】

7 80g約10個に分割して丸める（F）。表面に栗が出ないよう、中に包み込む。

8 ベンチタイム20分をとる。

【成形・ホイロ】

9 麺棒で1cm厚さの円形に伸ばす（G）。

10 温度30℃、湿度75%で約30分発酵させる。

11 霧を吹き、ごまとアーモンドスライスを飾る（H）。

【焼成】

12 170～180℃のオーブンで17～18分焼く。好みで粉糖をふる。

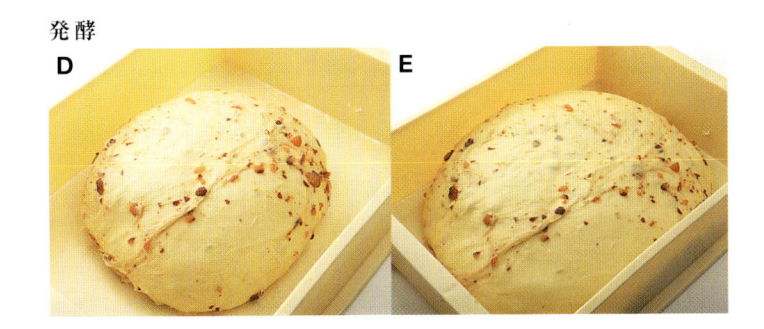

捏ねる

発酵

分割・ベンチタイム

成形・ホイロ

NOVEMBRE

Pain d'or
[パン・ドール]

　イタリアでは、パン・ドーロ（黄金のパン）と呼ばれているパンです。

　このパンは、シェークスピアの悲劇「ロミオとジュリエット」の舞台となったイタリアのヴェローナの名物です。

　ジュリエットの生家の入口には、「カーサ・ジュリエッタ」というカフェがあり、そこでも売られています。

　乳酸発酵の天然酵母に卵黄とバターを加え、じっくりと焼き上げたパンは、しっとりとして、リッチな甘みがあります。日本でいえば、カステラという感じでしょうか、パンとお菓子の中間に位置します。

　ちょうど私が、ビゴの店の本店で修業していたころ、ムッシュが工夫を重ねていました。天然酵母の種は、本来ハード系のパンに使われるべきものですが、これをみごとにおしゃれで、風味豊かなパンとして完成させたのは、ムッシュならではの仕事といえるでしょう。

　今では、毎日、すべての店で焼いております。温度、湿度、あるいは種が元気かどうかで、仕上りがまったく変わってしまうので、毎日一喜一憂しています。

　そんなに難しいパンはないのですが、それだけに、このパンを焼くことは、私たちビゴの店で働くものの目標であり、誇りでもあります。

　ビゴの店のスペシャリテとして、これからも大事にしていきたいパンのひとつです。

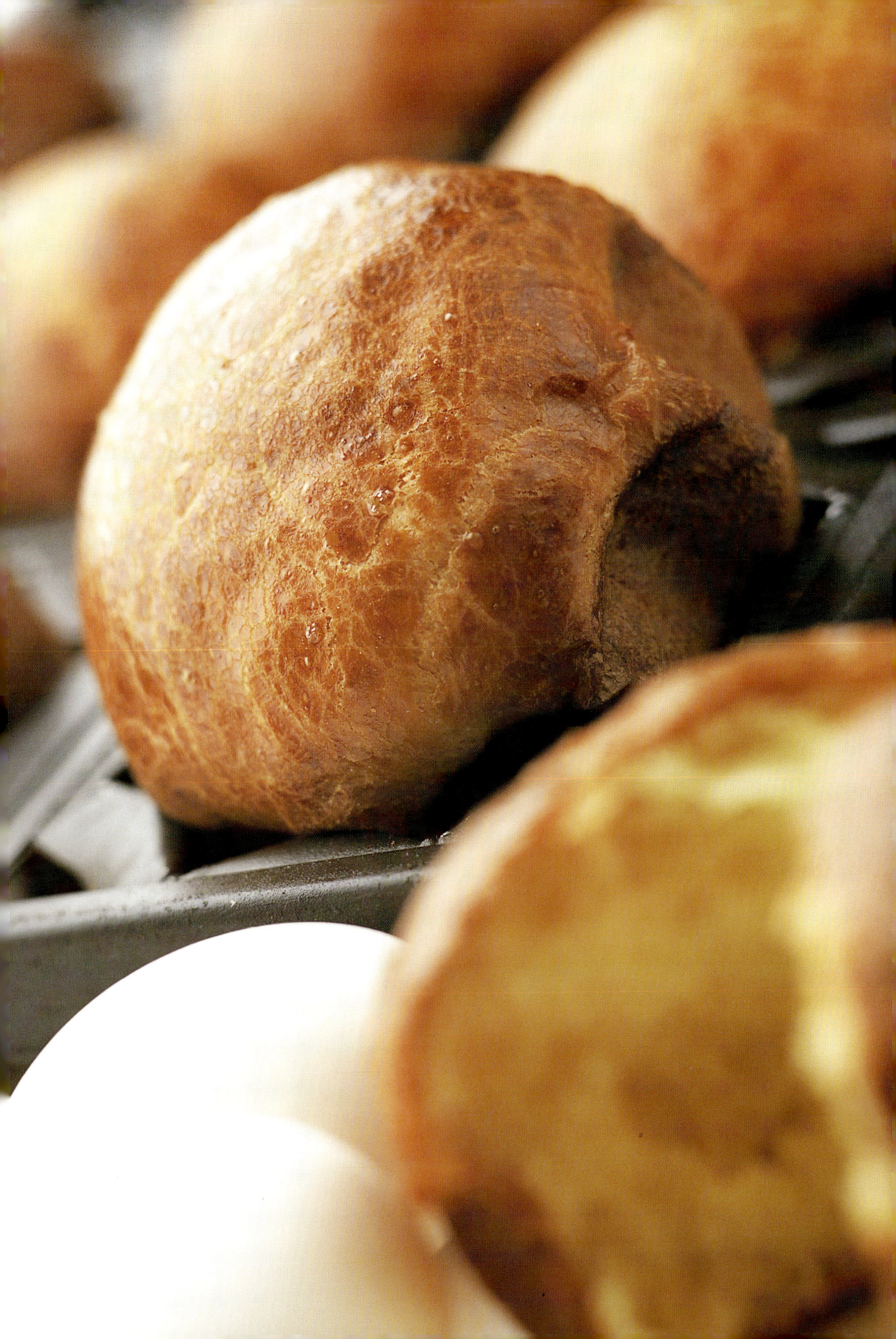

「パン・ドール」
黄金のパンという名前にふさわしい、しっとりとした食感、リッチな甘さ

● 材料（8個分）●

中種
- a
  - フランスパン専用粉(リスドオル) ……98g
  - 強力粉(スーパーカメリア)・42g
  - 砂糖……………………42g
  - ルヴァン種(→p74)……42g
- 水………………………70㎖
- バター……………………42g

本捏ね
- b
  - フランスパン専用粉(リスドオル) ……………………50g
  - 強力粉(スーパーカメリア)・20g
  - 砂糖……………………46g
  - 塩………………………2g
- バター……………………70g
- 卵黄 ……………………148g
- オリーブオイル、卵黄……各適量

● 必要な道具 ●

ラップ、密閉容器、布巾、木べら、ボウル、麺台、カード、温度計、はかり、はけ、直径10×高さ7㎝のパン・ドール型(菊型)8台

● 準備しておくこと ●

1 ルヴァン種を作る(→p74)
2 型に薄くオリーブオイルを塗る。

● 作り方 ●

【中種を捏ねる】
1 aを低速のミキサーにかけ、少しずつ水を加えながら約7分捏ねる(A)。手捏ねの場合は約13分捏ねる。生地に水気がなくなって、かたまりになるまで捏ねる。
2 低速に変え、バターを2、3回に分けて加えて約5分捏ねる。手で捏ねる場合は約10分。

【中種の発酵】
3 温度30℃、湿度75%で約60分発酵させる。写真は発酵後(B)。その後ラップに包んで、冷蔵庫で約6時間休ませる。

【本捏ね】
4 b、卵黄の1/3量を加えて捏ねる(C)。
5 ある程度混ざったら、残りの卵黄を2回に分けて加えて捏ねる(D)。低速のミキサーで20分、手捏ねの場合は約30分捏ねる。
6 バターを加え、さらに捏ねる。

【発酵】
7 温度30℃、湿度75%で約150分発酵させる。写真は発酵前(E)、発酵後(F)。

【分割】
8 生地が柔らかいので、オリーブオイルをカードにつけ、80g 8個に分割し、型に入れる。(G)。

【ホイロ】
9 温度30℃、湿度75%で約150分発酵させる。

【焼成】
10 溶いた卵黄をはけで二度塗りする(H)。下火を強くした170℃のオーブンで約25分焼く。

中種を捏ねる

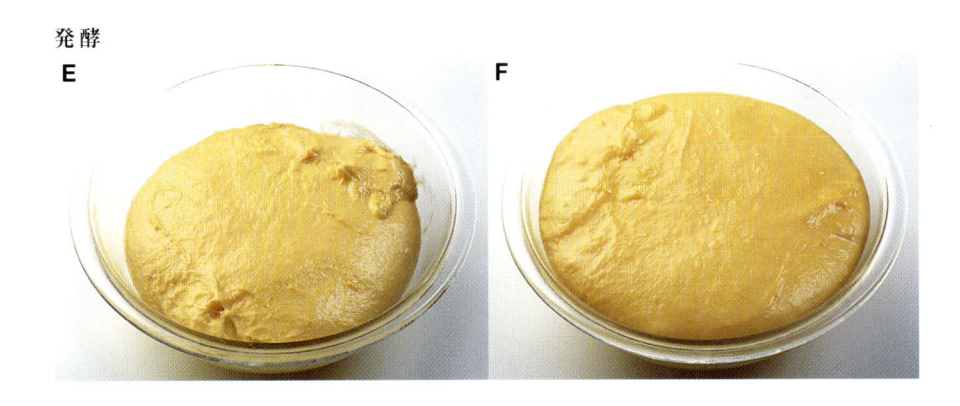

A

中種の発酵

B

本捏ね

C D

発酵

E F

分割

G

焼成

H

95

NOVEMBRE

Pain de seigle
［パン・ド・セーグル］

パリのプラス・ド・パッシー（パッシー広場）には、コキアージュ（貝類）を食べさせる店がいっぱいあります。

中でも「シャロー・ロア・デ・コキアージュ」という老舗レストランに入ると、銀の皿にいっぱい氷を盛り、カキなどさまざまな貝類をのせています。これが有名な「プラッター・ド・フリュイ・ド・メール」（海の幸の盛り合わせ）です。

カキといっしょにサーヴィスされるのが、薄く切った黒パンと有塩バターです。

カキと黒パン、有塩バターの組み合わせは、カルチャーショックでした。

パン屋さん！ 冬にパン・ド・セーグルをいっぱい焼いて、カキといっしょに食べることを提案していきましょう。

●材料（7個分）●

a ｛
- 細挽きライ麦粉(ファイン)‥350 g
- 強力粉(スーパーカメリア)‥150 g
- ルヴァン種(→p74)‥‥‥‥175 g
- 生イースト‥‥‥‥‥‥‥‥1 g
- ビタミンC‥‥‥‥‥‥‥‥1mℓ
- バルサミコ酢‥‥‥‥‥‥‥5mℓ
- 塩‥‥‥‥‥‥‥‥‥‥‥‥8 g

水‥‥‥‥‥‥‥‥‥‥‥‥‥350mℓ

●必要な道具●
ボウル、麺台、カミソリ、はかり、霧吹き、カード、密閉容器、布巾、木べら

●準備しておくこと●
ルヴァン種を作る（→p74）

●作り方●

【捏ねる】

1 aをボウルに合わせ、水を加えながら少しずつ混ぜ合わせる。

2 麺台の上を滑らせるようにして約10分、手で捏ねる(A)。ライ麦粉は水を吸収するので、べたつくようなら、打ち粉(分量外)を多めに使う。

【発酵・パンチ】

3 温度28℃、湿度75%で約65分発酵させる。写真は発酵前(B)、発酵後(C)。

4 ガス抜きのパンチを行い、さらに約65分発酵させる。

【分割・ベンチタイム】

5 150 g 7個に分割し、手で丸める。パンの表面が割れやすいので、両手でやさしく丸めること。

6 ベンチタイムを約20分とる。

【成形】

7 生地を手で平たく押しつぶし、縦に三つ折りにする(D)。

8 三つ折りのつなぎ目は親指の付け根で強く押す(E)。さらに麺台の上を転がしてクッペ形に成形する。

【ホイロ】

9 ひだを作った布の上に並べ、常温で約60分発酵させる。

【焼成】

10 強力粉少々（分量外）をふり、カミソリでかるくクープをつける(F)。たっぷりと霧を吹き、上火240℃、下火220℃のオーブンで約25分焼く。

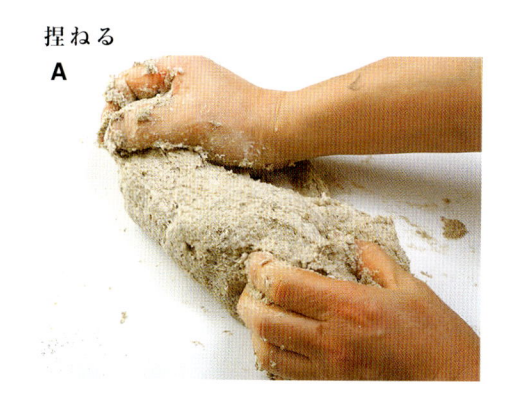

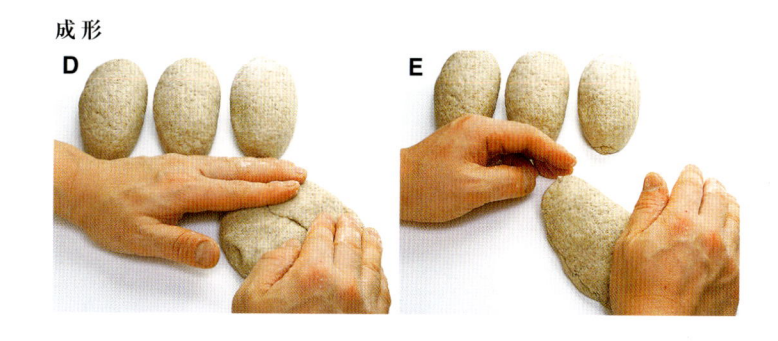

捏ねる
A

発酵・パンチ
B　C

成形
D　E

焼成
F

Stollen
[シュトーレン]

ドイツのクリスマスのスペシャリテ、シュトーレンは、最近、日本でも大人気です。

ヨーロッパでは、シュトーレンに使うドライフルーツを、1年以上前から漬け込んで準備している店がたくさんあります。ノエル（クリスマス）が終わったら、すぐに来年のシュトーレンに使うドライフルーツ漬けをはじめるのです。

スイス、シャフハウゼンの有名店、「エルマティンガー」でも、地下にとても大きな樽があり、ドライフルーツを漬けています。この樽は、部外者にはぜったいに見せないそうです。

この店のシュトーレンは、ギュッと凝縮された濃厚な味です。薄くスライスして味わったとき、こんなにおいしいものがあるかと思いました。

ビゴのシュトーレンはどちらかというと、パンに近いタイプです。そのため、ややかるく仕上げています。だから、いくつでも食べることができます。

こうした季節感のあるお菓子は、もっと日本でも広まって欲しいと思いますが、それにしては、少し値段が高いようです。ドイツ、スイス、フランスなどのクリスマスは、日本人が思っているほど、豪華なものではありません。聖夜という言葉にふさわしく、清楚で、家庭的なものです。

ビゴの店では、クリスマスソングが町に流れはじめる、12月早々にお目見えします。

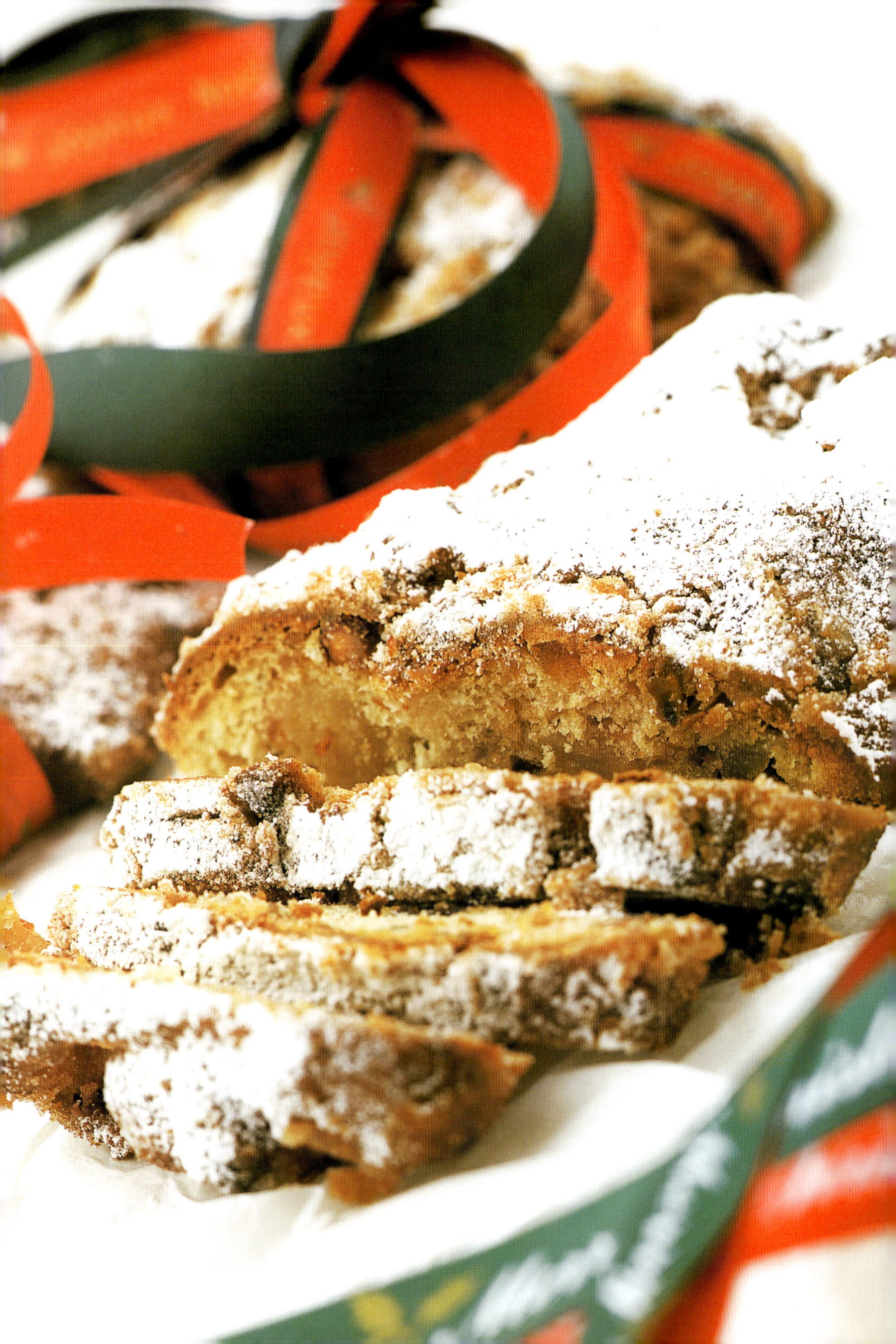

［シュトーレン］
クリスマスに欠かせない、フルーツやナッツ、スパイスたっぷりのパン

●材料(9個分)●

中種

フランスパン専用粉(リスドオル)	125g
薄力粉(バイオレット)	125g
生イースト	40g
牛乳	100mℓ
全卵	75g

本捏ね

a ｛
フランスパン専用粉(リスドオル)	125g
薄力粉(バイオレット)	125g
砂糖	50g
塩	8g
牛乳	20mℓ

バター	175g

フィリング

オレンジピール、ドレンチェリー(ともに5mm角に切る)	各25g
サルタナレーズン(5mm角に切る)	120g
アルザス産白ワイン	適量
洋梨(缶詰)	200g
ミックスフルーツ	500g
アーモンドスライス	50g
アーモンドホール	25g
ナツメグ、カルダモンパウダー、シナモンパウダー	各適量
マジパン・ローマッセ(シュトーレン用アーモンドペースト)	適量
バター、シナモンシュガー、粉糖	各適量

●必要な道具●
麺台、ボウル、カード、はかり、布巾、密閉容器、麺棒、鍋、玉じゃくし

●準備しておくこと●
1 ボウルにオレンジピール、ドレンチェリー、サルタナレーズンを入れ、白ワインを加え混ぜる(A)。密閉容器に入れ、冷蔵庫で1ヵ月以上漬け込む。
2 洋梨はシロップをきり、半日天日で干し、5mm角に切る。

●作り方●

【中種を捏ねる】
1 フランスパン専用粉、薄力粉を麺台に広げ、生イーストを両手でまぶす(B)。
2 牛乳と卵をボウルで混ぜ合わせ、1に合わせる(C)。少しザラつきが残る程度まで、約10分手で捏ねる。
3 温度30℃、湿度75%で約40分発酵させる。

【本捏ね】
4 3にaをざっくりと混ぜ合わせる。
5 バターをちぎり、加え混ぜる(D)。
6 生地の分量が多いので、麺台の上に生地をこすりつけるように、約8分捏ねる。バターが均一に混ざり、なめらかさが出るようにする(E)。
7 フィリングの材料を合わせて生地に加え、手で生地を切るようにして全体に混ぜる(F)。

【発酵】
8 温度30℃、湿度75%で約35分発酵させる(G)。

【分割・ベンチタイム】
9 200g9個に分割する(H)。手にフランスパン専用粉少々(分量外)をつけて手の平の上で丸め、ベンチタイム30分をとる。

【成形・ホイロ】
10 マジパン・ローマッセを直径15mm、12cm長さの棒状に伸ばす(I)。
11 9を麺棒で15mm厚の楕円形に伸ばして中央に10をのせ、生地を二つ折りにする(J)。温度30℃、湿度75%で約30分発酵させる。

【焼成】
12 170～180℃のオーブンで30分焼く(K)。

【仕上げ】
13 すましバターを作る。バターを鍋で煮詰め、泡が立ってきたらアクをすくう。バターが透明になったら、布巾で漉す(K)。
14 12を13にくぐらせ(M)、全体にシナモンシュガーをまぶし、そのまま冷ます。2～3日冷蔵庫で熟成させ、粉糖をふり、薄くスライスする。

ドライフルーツを漬ける
A

中種を捏ねる
B　　　　　C

本捏ね
D　　　　E　　　　F

発酵
G

分割・ベンチタイム
H

成形
I　　　　J

焼成
K

仕上げ
L　　　　M

101

DECEMBRE

Saucissons d'épice
［ソシーソン・デピス］

　香辛料入りのソーセージという意味です。これもフランス、アルザス地方で見つけてきたスペシャリテです。

　アルザスの豊富なドライフルーツ、多くの香辛料を使ったもので、ぎゅっと濃縮されたコクとうまみ、複雑な風味をもつ、独特な味わいがあります。

　この地方には、このほか、パン・デピスといって、エピス（香辛料）やはちみつ、ライ麦粉を使った、凝縮した食感のパウンドケーキがあります。

　私たち日本人には、ちょっとアクが強いように思われがちですが、かるく冷やし、薄くスライスして召し上がっていただくと、とてもおいしく、やみつきになります。こうしたユニークなお菓子が、もっと日本に紹介されたらと思います。

●材料（7〜8本分）●
ブリオッシュ生地（→p54）……350g
a ┤ 洋梨 ……………………… 2個
  │ プルーン、ドライアプリコット、
  │ ドライフィグ、レーズン …各75g
  │ オレンジピール …………50g
  │ ジンジャーパウダー ……… 5g
  │ カルダモンパウダー ……… 1g
  │ シナモンパウダー ………10g
  │ アニスシード …………0.5g
  │ キルシュ …………………50mℓ
  │ レモンの皮のすりおろし ‥1/2個分
  └ レモン汁 …………………1/2個分
b ┤ くるみ、松の実 ……各50g
  │ ピスタチオ ………………25g
  └ ヘーゼルナッツ …………25g
c ┤ 卵黄 ………………………2個分
  └ モカエッセンス …………2滴
ナパージュ（またはアプリコットジャム）
………………………………適量
アーモンドホール …………適量

●必要な道具●
麺台、ボウル、カード、はけ、ラップ、はかり、ナイフ、フライパン

●準備しておくこと●
1 ブリオッシュ生地を作る（→p54 家庭での作り方1〜6）。
2 洋梨、ドライフルーツは1cm角に切る。
3 bのナッツ類は油をひかないフライパンで香ばしく炒り、粗くくだく。

●作り方●
【生地を作る】
1 aを合わせ、冷蔵庫で一晩休ませる（A）。
2 ブリオッシュ生地に1を加え、手で約10分捏ねる。bを加え混ぜる（B）。
3 ボウルに入れ（C）、ラップをかけて冷蔵庫で約3時間休ませる。
【分割】
4 120g7〜8個に分割する（D）。
【成形・ベンチタイム】
5 生地がまとまりづらいので、多めに打ち粉（分量外）をふり、麺台で転がして棒状にし、天板にのせる（E）。
6 生地に直接つかないようにラップをかけ、室温で約20分休ませる。

【仕上げ・焼成】
7 cの卵黄とモカエッセンスをよく混ぜ合わせ、はけでていねいに塗る（F）。
8 160℃のオーブンで40分焼く。
9 オーブンから取り出したらそのまま冷まし、ナパージュをかけ、アーモンドを飾る（G）。
＊2〜3日冷蔵庫で熟成させ、薄くスライスして食べるとよい。

生地を作る

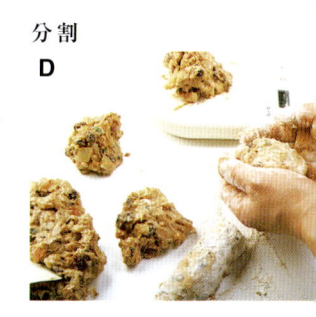

分割

成形・ベンチタイム

仕上げ・焼成

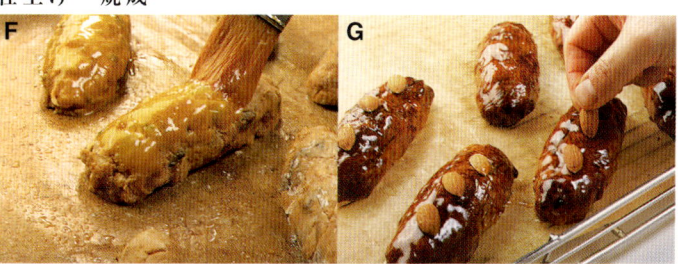

ベーシックなパン ふたつの作り方

クロワッサンの善し悪しは、バターで決まります。いいバターを使い、きちんとプロセスを踏めば、まず、間違いなくおいしいものが焼き上がります。

私の知人に、エシレ社のゼネラルマネジャー、ムッシュ・シャンティエがいます。エシレ社は、フランスを代表するこだわりバターを作っている会社です。

彼は、私に、日本でエシレという名前をつけたクロワッサンを売っていいという許可を与えてくれました。

Croissant au beurre
［クロワッサン］

このような光栄を得たのは、昔から、私がこのバターのおいしさを理解し、クロワッサンに使いたくて、さまざまに努力してきたことが認められたのでしょう。

本当にうれしかったです。

でも、エシレのバターはちょっと高いので、しょっちゅうクロワッサンに使うという訳にはいきません。ときどき、お店で前触れもなく「クロワッサン・オ・ブール・エシレ」というのを焼きます。エシレのバターを使ったクロワッサンという意味です。ぜひ、ご賞味ください。

ブーランジェ（パン職人）の作り方

●材料（約20個分）●

a ｛
- フランスパン専用粉（テロワール） …………400 g
- 砂糖 …………28 g
- 塩 …………8 g
- ユーロモルト …………1 g
- 生イースト …………10 g
- 全卵 …………1/2個

- 牛乳 …………230 mℓ
- バター（練り込み用） …………28 g
- エシレバター（折り込み用） …………240 g
- 溶き卵（つや出し用） …………適量

●必要な道具●

麺台、麺棒、はけ、ミキサー、ボウル、温度計、ビニール、定規、ナイフ、はかり

●作り方●

【捏ねる】

1 a をミキサーボウルに入れ、牛乳を注ぎながら、ミキサーを低速でまわす（A）。

2 生地が全体にまとまってきたら、ミキサーをまわしたまま、練り込み用のバターを2回に分けて加える（B）。

3 スタートから約6分ミキサーをまわす。捏ね上がりの温度は24℃（C）。

【発酵】

4 温度28℃、湿度80％で約30分発酵させる（D）。

【バターを折り込む】

5 折り込み用バターをビニールでくるみ、上から麺棒で叩く。四角形に形作ると後の作業がしやすくなる。

6 冷蔵庫で1時間休ませる。

7 生地を麺棒で1cm厚さのひし形に伸ばす（E）。

8 折り込み用バターを麺棒で1cm厚さに伸ばし、生地の中央にのせ、生地の四隅を中央へ折り込む（F）。

9 麺棒で上から押さえながら、生地を縦方向へ伸ばす。バターが生地の端にまで行き届くよう、しっかりと伸ばし（G）、三つ折りにする（H）。

家庭での作り方

●材料（約20個分）●

a ｛
- フランスパン専用粉（リスドオル） …………280 g
- 強力粉（スーパーカメリア） …………120 g
- 砂糖 …………40 g
- 塩 …………10 g
- 脱脂粉乳 …………12 g
- インスタント・ドライイースト …………5 g
- 全卵 …………1/2個

- 水 …………220 mℓ
- バター（折り込み用） …………240 g
- 溶き卵（つや出し用） …………適量

●必要な道具●

麺台、麺棒、はけ、ボウル、木べら、温度計、ラップ、定規、ナイフ、はかり

●作り方●

【捏ねる】

1 a をボウルに入れ、水を加えながら生地にまとまりが出るまで木べらで混ぜ合わせる（A）。

2 手首のスナップをきかせながら、生地を麺台に叩きつけるようにして、約5分捏ねる（B）。捏ね上がりの温度は24℃が目安（C）。

【発酵・パンチ】

3 温度30℃、湿度80％で約90分発酵させる（D）。

4 生地をギュッと押さえつけるようにして、ガス抜きを行う。

5 ラップにくるんで冷蔵庫に入れ、120分冷やす（E）。十分冷やさないと伸びが悪い。

【バターを折り込む】

6 麺台に取り出して麺棒でひし形に伸ばす（F）。プロ用に比べて伸びにくいので、ゆっくりていねいに伸ばす。

7 バターを手で叩きながら、バターと生地の固さを調節する（G）。

8 ひし形に伸ばした生地の中央に7のバターをのせ、四隅から中央に生地を折り込む（H）。

9 まず麺棒で生地全体を叩いて厚さを調節する（I）。生地を縦方向に伸ばし、

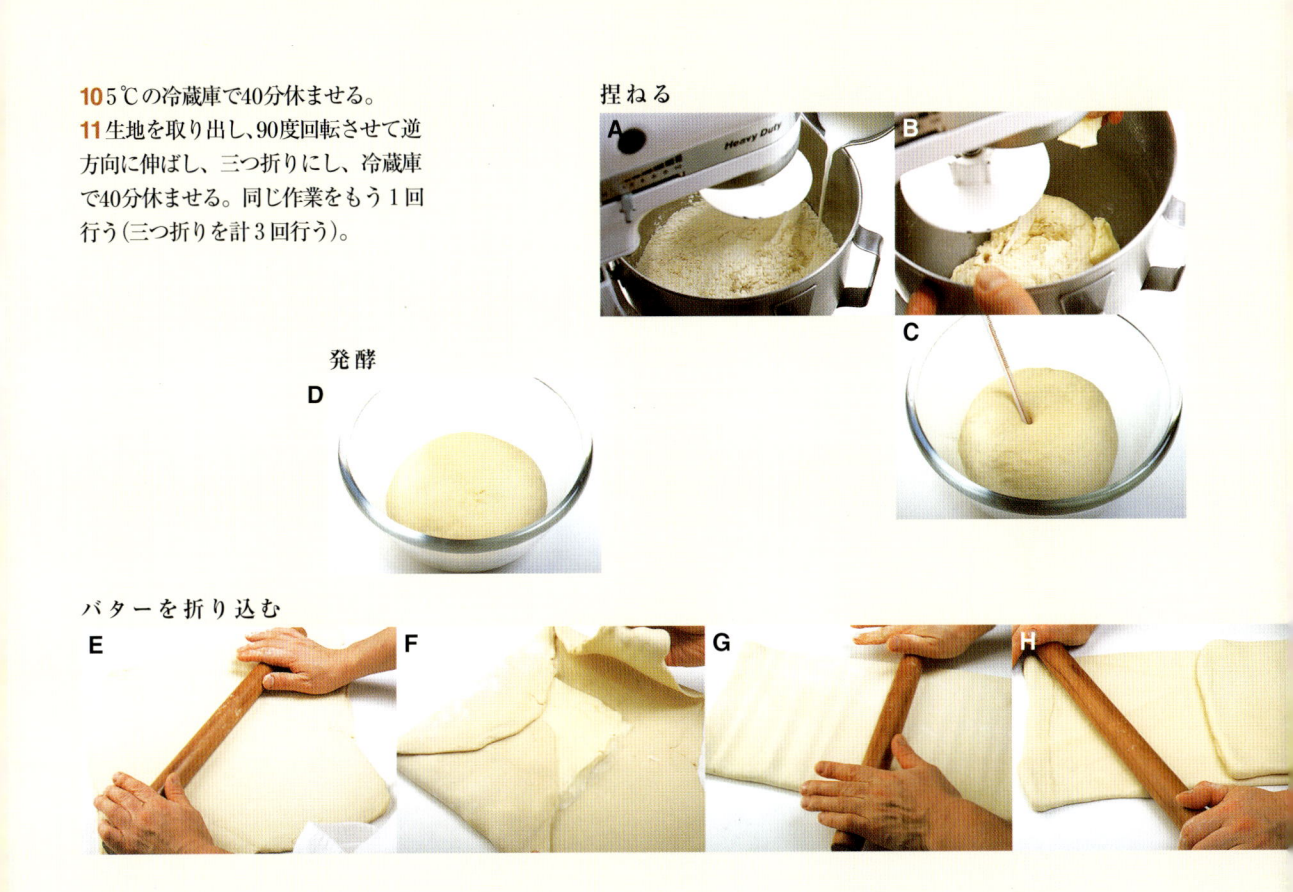

10 5℃の冷蔵庫で40分休ませる。
11 生地を取り出し、90度回転させて逆方向に伸ばし、三つ折りにし、冷蔵庫で40分休ませる。同じ作業をもう1回行う(三つ折りを計3回行う)。

捏ねる
A　B
C

発酵
D

バターを折り込む
E　F　G　H

三つ折りにする。三つ折りにした生地はラップに包み、冷蔵庫で40分休ませる。
10 取り出して90度回転させ、逆方向に伸ばし、三つ折りにする。この作業をもう1回繰り返し、三つ折りを計3回行う。
11 冷蔵庫で40分休ませる。

捏ねる
A　B
C

発酵・パンチ
D　E

バターを折り込む
F　G　H　I

【成形】

12 生地を3mm厚さに伸ばし、17cm幅にカットする（I）。

13 高さ17cmの二等辺三角形で、1切れが45gになるように約20枚切る（J）。

14 冷蔵庫で20分休ませる。

15 三角形の底辺を奥、先端を手前に置き、両端をゆっくり引っ張って1.5倍の長さまで伸ばす（K）。奥（底辺）から手前に向かって巻く（L）。

【ホイロ】

16 温度28〜30℃、湿度80%で約90分発酵させる。バターが溶け出すので温度は30℃以下にする。

【焼成】

17 溶き卵をはけで2回塗る（M）。210℃のオーブンで15分焼く。

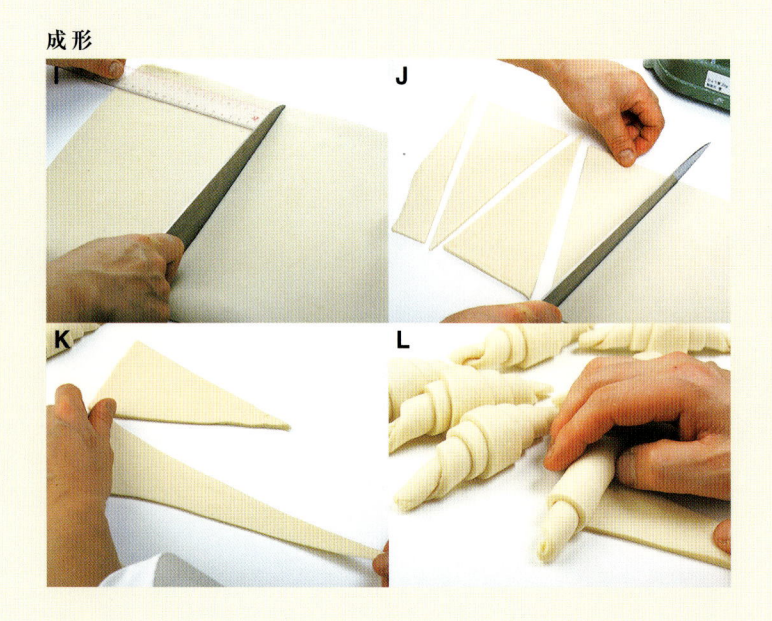

【成形】

12 生地を麺棒で3mm厚さに伸ばす（J）。

13 16cm幅の帯状に切り、高さ16cmの二等辺三角形で、1切れが40gになるように約20枚切る（K）。

14 ラップをかけて冷蔵庫で30分休ませる。

15 三角形の底辺を奥、先端を手前に置き、両端を引っ張って生地の長さが1.5倍になるまで伸ばす（L）。

16 奥（底辺）から手前に向かって生地を巻く（M）。

【ホイロ】

17 温度28〜30℃、湿度80%で約90分発酵させる。

【焼成】

18 はけで表面に溶き卵を2回塗る（N）。200℃のオーブンで約20分焼く。

ホイロ・焼成
M

ホイロ・焼成
N

翌日、パンが残ったら……

Criossant aux amandes
[クロワッサン・オ・ザマンド]

カリッと焼き上げたアーモンドの香ばしさに手が伸びます

●材料(8個分)●

クロワッサン……………8個
クレーム・ダマンド(→p10 作り方3)
…………………適量
ラム酒……………………適量
シロップ…………………適量
アーモンドスライス………適量

●作り方●

1 クロワッサンの厚みを半分に切る。背の方からナイフを入れると崩れにくい。切り口にはけでシロップを加えたラム酒を塗る。

2 下になる方のパンの切り口にクレーム・ダマンドを塗る(A)。

3 パンを重ね、表面にもクレーム・ダマンドを塗り、アーモンドスライスをたっぷりとのせる(B)。180℃のオーブンで約5分焼く。焼きすぎないように注意する。

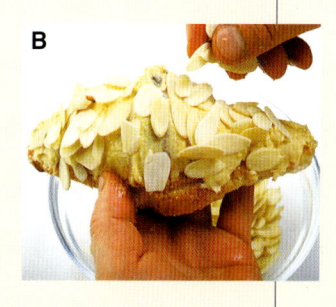

A

B

店紹介

ビゴの店　神戸・芦屋本店

フランスパンの神様、フィリップ・ビゴの店、芦屋本店です。20年前、パンの世界に足を踏み入れたばかりの藤森シェフが目を輝かせていたのが、この店。ここから多くの若手シェフが巣立ちました。現在は、ムッシュの息子のジャン・ポール・太郎さんが切り盛りしています。ムッシュ・ビゴは、日本のフランスパンの第一人者として長年の功績が認められ、2003年、フランスよりレジオンドヌール勲章を授与されました。

兵庫県芦屋市業平町6-16
☎ 0797(22)5137　月曜定休

ドゥース・フランス

ビゴの店の東京第1号店。「豊かな食の国、フランス」という意味をこめて、ムッシュ・ビゴの先生であるカルベル氏が、名付けてくれました。ムッシュがオーナー、藤森氏がシェフとしてスタート。はじめてシェフをまかされた藤森氏が毎日壁にぶつかり、悩み続けた店でもあります。ルヴァン伝説もこの店からはじまりました。本当にパンの好きな方が集まる、本格派のパンの店。1984年オープン。

東京都中央区銀座3-2-1　プランタン銀座B1F
☎ 03(3561)5205　水曜不定休

ビゴの店　鷺沼

藤森氏の第1号店で、1989年にオープンしました。パンだけでなく、お菓子やジャム、チーズなど、さまざまな食材をコンパクトにまとめています。また、2階は、食の雑誌や本をながめながら、ゆったりと時間を過ごすことができるカフェになっています。藤森氏が95年から書いている店頭紙「ボナペティ」は、すべてそろっています。地元のお客さんにより楽しんでいただけるようチャレンジを続けています。

神奈川県川崎市宮前区小台1-17-4
☎ 044(856)7800　月曜不定休

エスプリ・ド・ビゴ

大人のブランジェリーカフェをめざして、藤森氏が1998年にオープン。今では、おしゃれな街、田園調布の風景に、すっかり溶け込んでいます。2階にはオープンテラスのカフェがあり、とくに夕暮れどきは近所の方々だけでなく、若いカップルにも人気があります。オードブルやキッシュ・ロレーヌとともに、ワインを楽しみながら夜遅くまでゆったりと時間を過ごすことができます。

東京都世田谷区玉川田園調布2-13-19
☎ 03(3722)2336　水曜定休

トントン・ビゴ

2000年オープン。デパートの1階、しかも入口の近くという、パンを扱うには絶好のロケーション。100坪以上ある、ゆったりとした空間は、東京近郊でははじめてというだけでなく、フランスにもない規模です。食品の総合ブティックをめざし、エピスリーランジス(食料品売場)は、ワイン、シャンパンなどの品揃えも充実。広く、居心地のいいカフェを併設。語らいの場として親しまれています。

神奈川県横浜市港南区港南台3-1-3　高島屋港南台1F
☎ 045(832)7803　水曜不定休

ビゴの店ホームページ　http://www.bigot-tokyo.com　メールアドレス　fujimori@bigot-tokyo.com

材料と道具の問い合わせ先リスト

【小麦粉、ライ麦粉など<業務用のみ>】
日清製粉(株) 第1営業部
東京都千代田区神田錦町1-25　☎03(5282)6360

【小麦粉、ライ麦粉など、アルペンザルツ粒(P.71)、プードルマロン、プチ・プチマロン<ともにケース単位>(P.77)、渋皮つき栗甘露煮(P.91)、製パン材料一般<店売りのみ、宅配不可>】
(株)平瀬フーズ
東京都八王子市館町2900-3　☎0426(64)9918

【ピスタチオペースト、あられ糖(P.10)、トリモリン(転化糖)(P.16)、発酵シートバター(P.22)、発酵バター(P.25)、バニラエキストラ(P.31)、オレンジフラワーウォーター、カソナード(P.45)、メロン缶詰(スペイン産)、レンズ豆(P.48)、ドレンチェリー、サルタナレーズン(P.100)、ジンジャーパウダー、モカエッセンス、ナパージュ、アニスシード(P.103)】
(株)イワセ・エスタ
東京都目黒区五本木1-8-3　☎03(3719)1131

【プロヴァンスミックスハーブ(P.13、19)、アンチョビフィレ、ブラックオリーブ、グリーンのオリーブ、セミドライトマト(P.19)】
(株)デドゥー
神奈川県川崎市多摩区枡形5-23-1　☎044(922)0901

【インスタント・ドライイースト(P.32)、ユーロモルト(P.28ほか)、ボンガードオーブン(フランスパン専用オーブン)】
日仏商事(株)
兵庫県神戸市中央区御幸通り5-2-7　☎078(265)5885

【セミドライフルーツ(P.10)、木製のバニボア(P.74)】
サンエイト貿易(株)
東京都千代田区平河町1-4-5　平和第一ビル2F
☎03(3221)0441

【フェーブ(P.10)、ビターチョコレート(P.16)】
フレンチF&Bジャパン(株)
東京都品川区荏原1-19-17　☎03(5498)6321

【マジパン・ローマッセ<ケース単位>(P.100)、フランスパン専用オーブン】
ルーツ貿易(株)
千葉県市川市新田4-13-8　☎047(379)1505

【生ハムほか(P.36)】
(株)亀屋商店
東京都目黒区下目黒5-18-21　☎03(3714)4548

【卵(P.48)】
(株)セイアグリシステム
富山県西礪波郡福岡町江尻73-1　☎0766(64)2372

【脱脂粉乳(P.22ほか)、シュレッドチーズ(P.68)、エシレバター(P.106)、乳製品一般】
タカナシ乳業(株)　お客様相談室
神奈川県横浜市中区桜木町1-1-8　日石横浜ビル8F
☎0120(369)059

【ロックフォールチーズ(P.85)】
(株)フェルミエ ショップ
東京都港区愛宕1-5-3　愛宕ASビル　☎03(5776)7720

【ウェンガー社のパンスライサー(P.6)】
日本シイベルヘグナー(株)
東京都港区三田3-4-19
☎03(5441)4515

【リボン(P.99)、包材一般】
(株)トミカワ
東京都世田谷区千歳台4-8-13　☎03(3484)9491

【パンの型】
(株)宮本　第3事業部
東京都江東区大島7-15-6　☎03(3681)8943

【製パン用オーブンなど】
(株)ベーカーズプロダクション
大阪府豊中市野田町35-12　☎06(6333)7777

＊プロ用の仕入れ先のため、商品によっては少量販売をしていない場合があります。

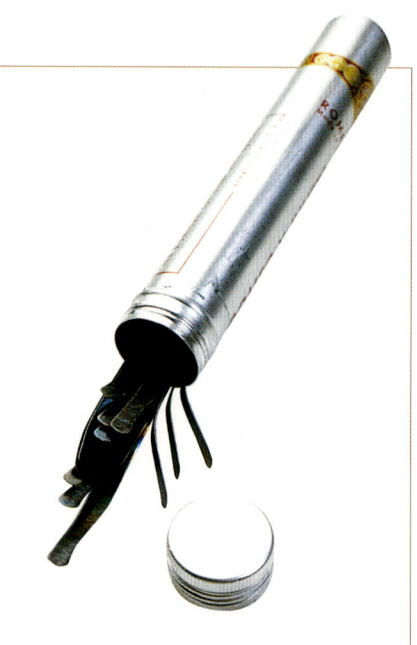

●藤森二郎(ふじもり・じろう)●
東京生まれ。ビゴの店にパティシエとして入社するが、次第にパンの魅力に引き込まれ、ブーランジェに。ビゴの店の東京1号店のシェフ兼店長を務める。以来、ムッシュ・ビゴとともに、フランスパンの魅力を伝え続けている。毎年のようにフランス各地を食べ歩き、研究を重ねる。日本のブーランジェの中で唯一、フランスよりタスト・ド・フロマージュ・シェバリエ(チーズ鑑定騎士)の称号を贈られた。2003年11月、東京玉川髙島屋SCに「オ・プティ・フリアンディーズ」(ブーランジェの考えたスイーツの店)をオープン。

Douze mois chez l'Esprit de Bigot
エスプリ・ド・ビゴの12ヵ月

発行日	2001年11月28日 第1刷
	2005年10月5日 第3刷
著者	藤森二郎
写真・企画	岡山寛司
編集	中島久枝
取材	池上裕子
アートディレクション	樋口かすみ(スタジオ アッシュ)
デザイン	阿部麻紀(スタジオ アッシュ)
発行人	伊東勇
編集	堀江由美
発行所	株式会社パルコ
	エンタテインメント事業局 出版担当
	東京都渋谷区宇田川町15-1
	03-3477-5755
	http://www.parco-publishing.jp
印刷・製本	大日本印刷株式会社

©2001 JIRO FUJIMORI
©2001 HIROSHI OKAYAMA
©2001 PARCO CO., LTD.
無断転載禁止
ISBN4-89194-635-0 C2077

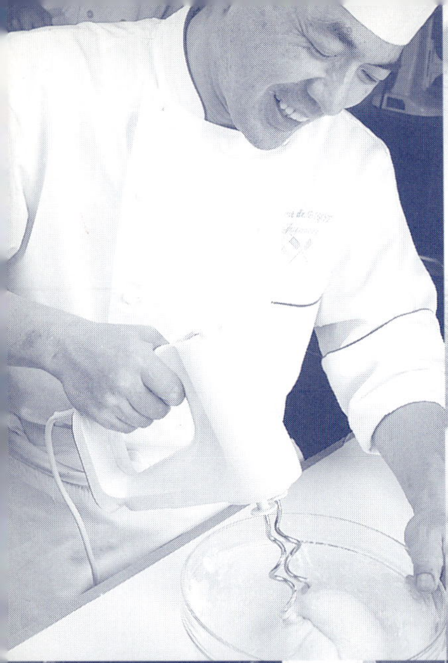

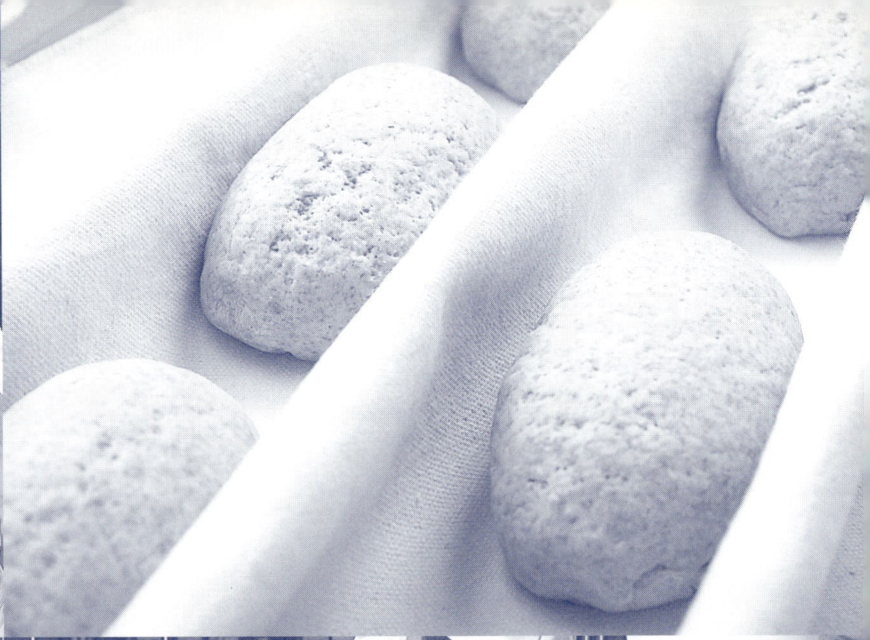

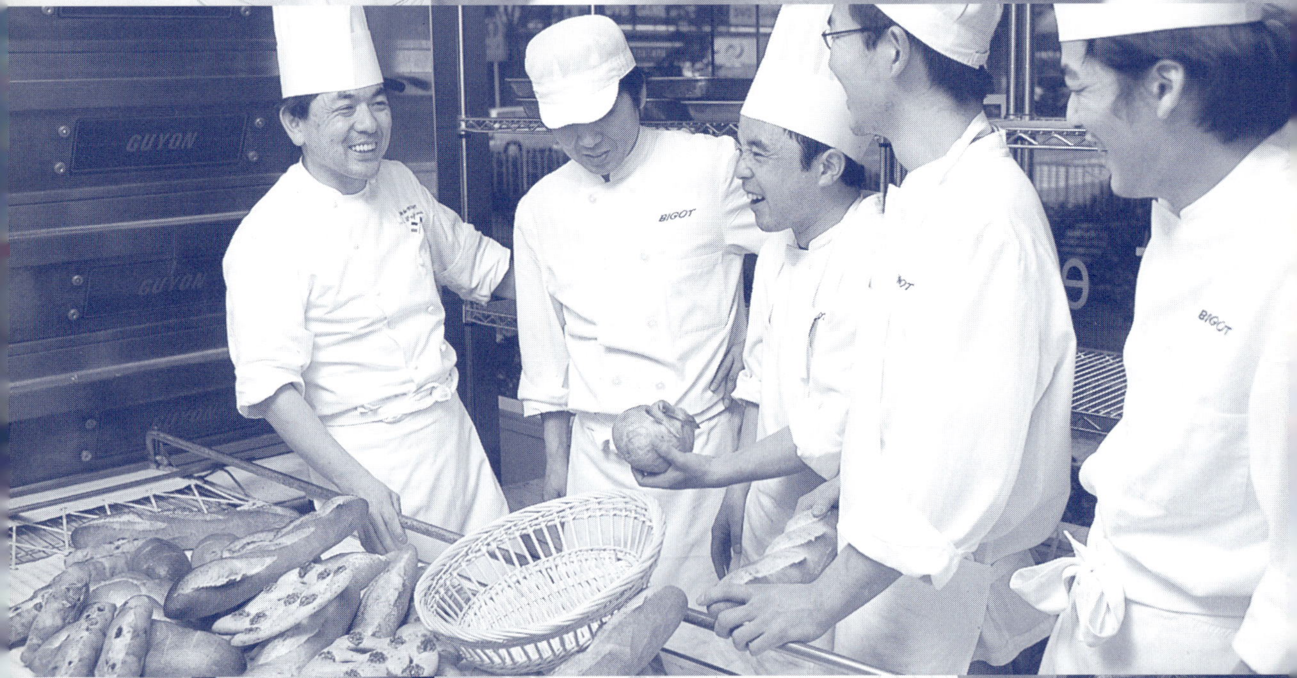
GUYON
GUYON
BIGOT
BIGOT

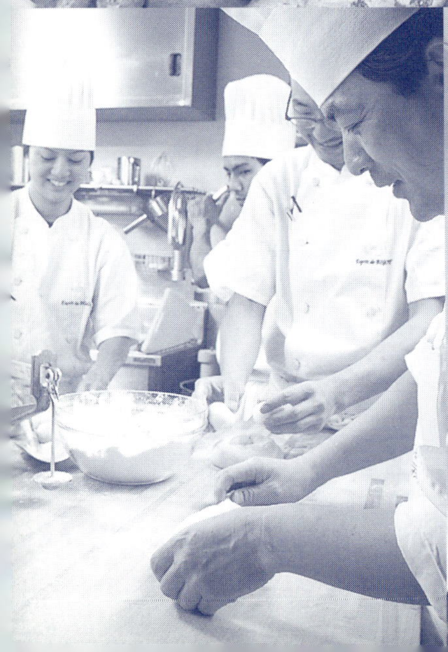

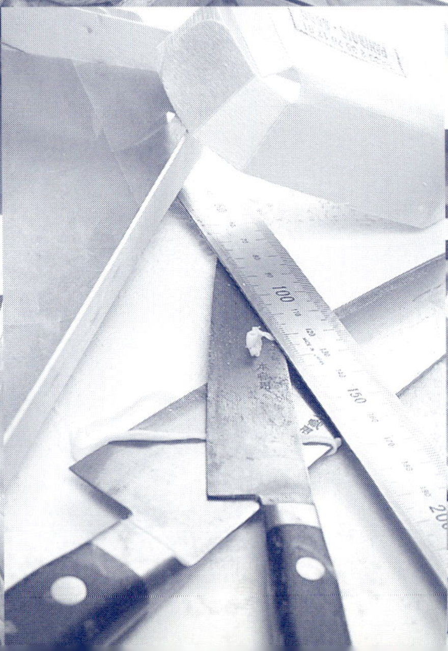

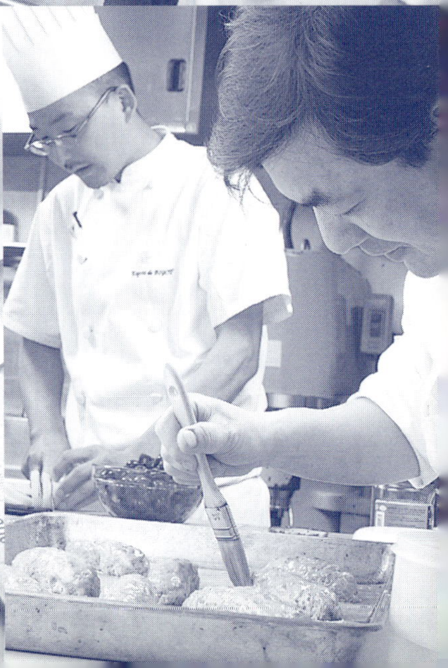